KB271026

소록도여,
안녕

믿음이란
한 알의 밀알이 땅에 떨어져 죽음으로 많은 열매를 맺음과 같이
진리의 열매를 위하여 스스로 죽는 것을 뜻합니다.
눈으로 볼 수는 없으나 영원히 살아 있는 진리와
목숨을 맞바꾸는 자들을 우리는 믿는 이라고 부릅니다.
「믿음의 글들」은 평생, 혹은 가장 귀한 순간에
진리를 위하여 죽거나 죽기를 결단하는
참 믿는 이들의, 참 믿는 이들을 위한, 참 믿음의 글입니다.

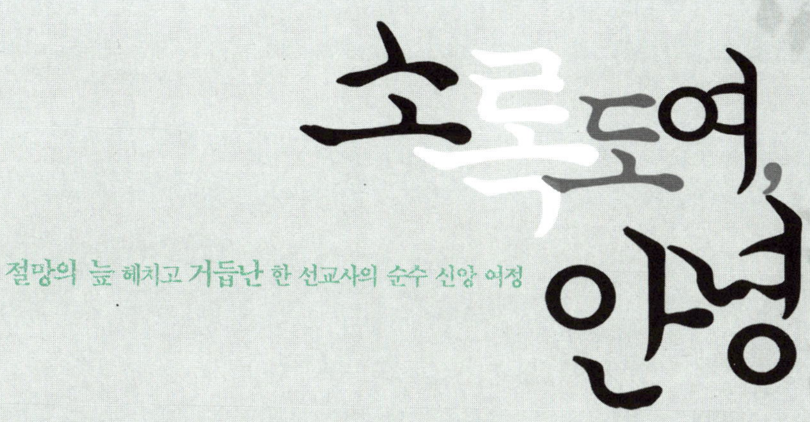

초록도여, 안녕

절망의 늪 헤치고 거듭난 한 선교사의 순수 신앙 여정

이명남 지음

홍성사.

차 례

예수님의 제자다운 삶

이명남 선교사가 자신의 고달픈 삶을 통해 얻은 놀라운 감격을 책으로 낸다니 정말 내 일처럼 기쁘다. 이 선교사를 처음 만났던 것은 2005년 중국의 한 식당에서였다. 그 뒤로 벌써 2년이나 흘렀으니 참 세월이 빠르다. 그러나 이 선교사와 나의 만남은 이미 그전부터 준비돼 있었던 것 같다. 나는 고등학교에 다닐 때 한센병 환자의 아버지인 손양원 목사님의 전기 《사랑의 원자탄》(성광문화사)을 읽고 큰 감명을 받아 손 목사님의 일대기를 연극으로 공연하면서 아들 동신의 역할을 한 적이 있기 때문이다. 뿐만 아니라 대학을 마친 후에는 그 고귀한 일에 조금이나마 동참하고자 전국에 한센병 환자들이 사는 곳을 두루 방문하였다.

나도 손 목사님처럼 한센병 환자를 위해 뜨거운 피를 쏟고 싶었다. 그때 내 약혼자였던 지금의 안사람도 역시 같은 마음이라 우리는 함께 가서 찬양 드리고 하나님의 말씀을 그들에게 전하면서 한센병 환자들의 상처를 어루만지기 위해 노력하였다. 그때 어떤 찬양을 드렸는지 설교는 어떻게 하였는지 전혀 기억나지 않으나, 예배에서의 그 뜨거운 열정과 감사, 그리고 기뻐하는 그들의 모습은 지금도 마음속에 고스란히 남아 있다. 그들이 처한 환경에서의 감사야말로 진정한 감사요, 그 처지에서의 기쁨이야말로 참다운 기쁨이라 여겨진 우리는 많은 은혜를 받고 돌아왔다. 그 만남 이후 이 선교사와 나는 비록 하는 일도 다르고 서로 알지도 못했지만 늘 한 벗으로서 기도하며 오늘에 이르렀다.

이명남 선교사는 자신이 바로 그 천형(天刑)과 같은 한센병을 앓으며 고생했다. 그런데도 그는 한센병 환자들을 위하여 평생을 몸 바쳐 일하고 있으며 지금은 더 많은 일을 하고자 아시아에 있는 한센병 환자들을 위해 온몸을 던지고 있다. 현재 그 노구를 이끌고 중국에 와서 일하고 있으니 참으로 예수님의 제자다운 삶이라고 말할 수 있을 것이다.

오늘날 한국에는 많은 교회와 교인이 있지만 이 선교사처럼 예수님의 제자로서의 삶을 사는 그리스도인은 적은 것 같다. 성경에서는 원수라도 주리거든 먹이라고 했는데 지금 우리는 어떠한가? 지금 우리 주변에는 많은 사람들이 헐벗고 굶주려 죽어 가는데 도와주지는 못할망정 정치적 논리와 사상적 이론만으로 가득 차, 돕는 이들을 오히려 욕하고 있지 않은가? 자기 아들을 죽인 원수를 오히려 사랑하사 양아들로 받아들인 손 목사님의 깊은 사랑과, 한센병 환자와 더불어 먹으며 고락을 나눈 봉사 정신은 그냥 머릿속에만 맴돌고 있을 뿐 손과 발은 전혀 움직이려 하지 않는다.

이러한 때에 이 선교사가 손 목사님처럼 자신의 삶을 한센병 환자를 위해 사는 것은 그리스도인들에게 참된 귀감이 될 것이다. 그 삶을 생각하면 우리는 부끄러움을 금할 수 없다. 부디 많은 사람들이 이 책을 읽고 이 선교사의 삶에 자신의 삶을 비추어 보고 반성하며 자기의 삶을 바로잡고 이 선교사의 높은 뜻을 받들어 나가길 바란다. 다시 한 번 이 선교사의 책 출간을 축하하며 타국에서 일하느라 지친 그 연만(年晩)한 몸이 건강하길 빈다.

김진경(연변과학기술대학 총장)

고난 속에 피는 꽃

헨델의 '메시아'는 호화스러운 작곡실에서 쓰인 곡이 아니다. 헨델이 반신불수로 감옥에 갇힌 뒤 인류의 영혼을 뒤흔드는 명곡을 작곡한 것이다. 이처럼 인간에게 감동을 주는 명작은 환경에 지배받지 않는다. 아니, 어쩌면 고난 속에서 피는 꽃이 더 아름답고 향기로운지도 모른다.

이 책의 시작과 함께 전개되는 저자의 삶은 고난과 슬픔의 연속이다. '생로병사'라는 말처럼 인간의 삶이란 질병의 고통과 함께 살아가야 하는 것임을 저자는 보여 준다.

'한센병'이라는 특정한 질병의 사슬에서 몸부림치던 저자는 극심한 고난 가운데서도 믿음을 잃지 않고 그를 도우시는 하나님의 섭리를 깨닫게 된다. 이 책은 한센병이라는 질병을 앓았던 전국의 수만 명 한빛복지회 회원들의 삶을 대변하는 우리 모두의 자서전이기도 하다.

어느 날 느닷없이 찾아온 한센병을 앓으면서 저자는 자신의 존재에 대해 깊은 회의와 좌절에 빠지게 되고, 자신의 생명을 저주하고 죽음을 선택하기에 이른다. 그러나 얼마 뒤 저자는 하나님께서 인간에게 내리는 고난과 시련은 인간을 멸절하기 위함이 아니요, 오히려 회복과 구원을 완성하려는 하나님의 사랑임을 깨닫는다. 인간에게 질병의 고통을 주심도, 인간의 죄 값보다 가벼운 질책으로 인간을 권고하시는 하나님의 크고 넓은 사랑임을 깨달을 때 우리는 하나님께 감사와 영광을 돌릴 수 있게 된다.

나는 이 책을 몇 번이나 읽고 또 읽었다. 나도 저자와 똑같은 한센인으로서의 슬픈 삶을 살아왔기에 이 책을 읽으면서 남들보다 더 많이 공감하고 더 많이 울었는지 모른다.

《소록도여, 안녕》이 출간되는 것은 우리 한센인들에게 큰 기쁨이다. 이 책이 널리 보급되어 더 많은 사람들에게 읽히는 것은 한 세기 동안 차별과 편견의 감옥에서 신음해 온 한센인들에게 크나큰 용기와 희망이 될 것이다. 저자 이명남 집사! 그가 비록 유명한 작가는 아닐지라도, 꾸밈이나 가식이 없는 삶의 진실만을 말하고 있는 이 책은 사람들에게 많은 감동을 주기에 충분하다.

저자는 지금 평신도 선교사로서 세계 각지를 뛰어다니며 예수님의 사랑을 전하고 있다. 특별히 아무도 돌보는 이 없는 중국의 한센인들을 위한 선교 활동에 온 힘을 쏟고 있다. 그의 역동적인 선교 활동은 그의 소박한 삶의 진실을 대변하고 있으며 보석처럼 빛나고 있다.

'땅 끝까지 이르러 내 증인이 되라'는 주님의 명령에 따라 복음의 증인의 삶을 당차게 살아가는 그에게 뜨거운 응원의 박수를 보낸다.

임두성(한빛복지회 회장)

나이를 잊은 하나님의 종

이 책의 저자 이명남 선교사는 절망의 환경에서, 절망을 이긴 세월을 살아 온 분이다. 열두 살 때 한센병이 발병하여 고통 중에 하나님의 은혜로 완치되었고, 눈물과 쓰라림의 세월을 신앙으로 이기며 살아온 의지의 신앙인이다. 슬픔으로 얼룩진 유년 시절의 상처가 있음에도 건강한 자아상을 갖고 사도 바울의 고백처럼 '나의 나 된 것은 하나님의 은혜임'을 고백하며 기쁘게 찬송하면서 살아가는 하나님의 신실한 종이다.

지금 우리나라에는 만 6천여 명의 한센병 환자가 있고, 전 세계에는 천4백만 명의 한센병 환자가 있다. 그중에 한 사람인 저자는 자신의 삶을 인도하시는 하나님을 증거하기 위해 CBS 기독교방송의 〈새롭게 하소서〉와 CTS 기독교 TV의 〈42번가의 기적〉에 나가 간증을 통해 많은 청취자와 시청자의 마음을 울렸다. 뿐만 아니라 미국, 태국, 중국 등을 순회하면서 선교 간증을 했고 지금도 많은 교회에서 간증을 통해 하나님께 영광을 돌리고 있다.

저자는 "나는 저희가 병들었을 때에 굵은 베옷을 입으며 금식하여 내 영혼을 괴롭게 하였더니 내 기도가 내 품으로 돌아왔도다"(시 35:13)라는 말씀을 몸소 실천하기 위해 환경이 열악한 중국의 한센병 환자와 가족을 계몽하는 일에 앞장서고 있다. 조선족 한센병 환자를 찾아가 복음을 전할 뿐 아니라, 동북 3성(중국 동북쪽에 있는 길림성, 요녕성, 흑룡강성 등 3성을 이르는 말)의 재가환자(요양소나 정착촌에도 살지 못하고 자기 집에 숨어 사는 한센병 환자)들을 찾아가 그들의 아픔을 함께 나누며 복음을 전하고 있다.

어두운 그늘에 있던 수가성 여인이 예수님을 만난 후 자신의 신분과 처지를 부끄러워하거나 비관하지 않고 오히려 복음을 전한 것처럼, 저자는 자신의 약점으로 연약할 때에 오히려 강해지는 은혜를 받아 오늘도 나이를 잊은 채 중국 선교에 다녀와서는 어린 소년처럼 보고를 한다. 나는 그런 저자의 모습을 보면서 매번 잔잔한 감동을 받는다.

모쪼록 이 책을 대하는 모든 분들이 저자와 그 사역을 위해 기도해 주실 뿐 아니라, 한센병에 대한 시각과 관심을 새롭게 갖는 계기가 되기를 바란다.

김정태(성동교회 담임목사)

이 수기를 펴내면서 몇 번이나 망설였다. 내가 수기를 쓰기 시작한 것은 1982년 새빛선교단을 창단할 때부터였지만, 불행했던 지난 삶을 내보이기 싫어서 도중에 여러 번 중단했었다.

26년 동안 투병생활을 하면서 스스로 목숨을 버리려 했던 적도 한두 번이 아니었다. 그러나 삶을 거의 포기한 상태에서 소록도에 가 하나님을 만나면서 새로운 삶을 찾게 되었다. 그리고 하나님을 의지하면서부터 마음의 안정과 용기를 얻었다. 그 후 소록도에서 만난 마가렛 수녀님과 마리안느 수녀님의 헌신적인 치료와 보살핌으로 하나님의 특별한 은총을 받아 기적적으로 한센병을 완치해 퇴원하였으나 지난 과거는 떠올리기조차 싫었고, 혹시라도 누군가 내 사연을 알게 될까 봐 가슴 졸이며 살았다.

그러나 교회 문을 들어설 때마다 누가복음 17장 11–17절 말씀이 나의 양심을 두드리며 죄책감을 불러일으켰다. 예수님이 한센병 환자 열 사람을 고쳐 주셨는데, 그중에 아홉 사람은 감사 인사 한마디 없이 도망가 숨어 버렸고, 단 한 사람만이 찾아와 예수님의 발 앞에 엎드려 감사드린 내용이다. 17절 말씀에 예수님은 "그 아홉은 어디 있느냐?" 하며 그들을 찾으셨다. 예수님은 감사드린 한 사람을 영혼까지 구원해 주셨고, 도망가 버린 아홉 사람에 대해서는 매우 섭섭해하셨다.

시내 한 교회에서 추수감사절 예배를 드릴 때 마침 목사님이 이 말씀을 중심으로 '감사드린 한 사람'이라는 제목으로 설교를 하셨는데, 그때 나는 쥐구멍에라도 들어가고 싶은 심정이었다. 그 뒤 나는 '나 역시 아홉 사람에 속한 사람이구나!' 생각하며 크게 뉘우치고, 틈틈이 지난날을 돌이켜 보며 예수님의 역사하심이 나타난 '감사드린 한 사람'으로 살고자 이 수기를 쓰게 되었다.

이 수기를 통해 하나님께 영광을 돌리고, 많은 사람들에게 한센병에 대해 알리고 싶다. 한센병에 대해 잘못 이해하고 있는 모든 사람에게 한센병은 완치될 수 있고, 피부병에 불과할 뿐 무서운 병이 아니라는 사실을 알리고 싶다. 또한 나와 같이 과거에 한센병으로 투병하며 고생했던 분들이나 아직도 투병생활을 하는 분들에게 조금이라도 도움이 되기를 바란다.

나는 하나님의 큰 은혜를 받고 감사하여 복음의 빚진 자로서는 부족하지만 전문인 선교훈련을 받은 뒤, 지금은 중국 길림성 조선족 한센 형제 선교를 위해 '교회복음신문사'에서 파송받아 선교사역을 하고 있다.

1994년 7월에는 미국 시카고에서 열린 한인 세계선교사대회에 초청받아 '감사드린 한 사람이 되게 하소서'라는 제목으로 수천 명의 선교사들

앞에서 간증한 적이 있다. 나는 그 자리에서 많은 선교사들에게 세계 각국에 선교할 곳도 많지만 주재하고 있는 그 나라에 살고 있는 한센 형제들을 먼저 돌보고 그들을 선교하는 일이 중요하다고 강조했다.

이 수기를 통해 지구상에서 가장 고통받고 소외된 한센 형제들에게 희망과 도움을 주고 싶다. 우선은 이 수기집이 중국어로 번역되어 중국에 사는 300여 만 명의 한센 형제들에게 희망을 주고 하나님의 역사하심을 증거할 수 있기를 바란다. 또한 북한 한센 형제들에게도 복음이 전파되기를 바라는 마음 가득하다.

이번 출간을 위해 추천의 글을 써 주신 분들께 진심으로 감사드리며, 특히 한센 형제들을 이해해 주시고《소록도여, 안녕》을 출간해 주신 홍성사 정애주 사장님과 모든 직원들에게 고마움을 전한다. 이 책으로 인한 경제적 도움은 중국 조선족 한센 형제 선교자금으로 쓰일 것이다. 또한 동남아 지역 한센 형제 선교를 위한 전문인 선교사를 파송하기 위해 기도하고 있다. 이를 위해 모든 분들이 함께 기도해 주시기를 바라며 하나님의 은총이 함께하기를 축원드린다.

2007년 7월

1. 슬픔으로 얼룩진 유년 시절

나의 출생

1947년 6월 30일, 나는 온 세상의 슬픔을 가슴 가득 안은 채 세상에 태어났다. 모든 사람이 세상에 나올 땐 울음을 터뜨리지만, 나의 울음은 유독 색다른 슬픔을 내포하고 있었는지도 모른다.

내가 태어나 자란 곳은 대전에서 남쪽으로 몇십 리 떨어진 산기슭에 있는 작은 농촌이었다. 겨울과 여름이 길고 봄과 가을은 잠시 지나가던 우리 마을은 주위가 나지막한 산으로 둘러싸여 있었다. 사면이 산이라 아침 해가 늦게 뜨고 저녁은 빨리 왔는데, 나는 밤마다 개 짖는 소리에 잠이 들고 아침에는 닭 울음 소리에 눈을 떴다.

흙과 풀, 나무 냄새를 맡으며 다른 아이들처럼 무럭무럭 자라 초등학교에 입학했을 때, 철없던 나는 학교와 친구들이 마냥 좋았고 아이들과 어울리며 장난도 무척 심하게 쳤다. 아무 구김살 없이 마음껏 뛰놀 수 있었던 참 좋았던 그 시절 누가 짐작이나 했으랴? 날마다 행복한 웃음과 기

쁨 속에 지내던 내게 그 기쁨들을 깡그리 빼앗고 눈물만을 안겨 줄 한센
병(Hansen 病)이 침입하여 올 줄을…….

한센병을 알게 된 어린이날

1959년 5월 5일은 내 기억에서 가장 고통스러운 날이다. 이날 나는 일
생에서 '슬픔'이란 말을 처음으로 알게 되었다. 그때 나는 4학년이었고
어린이날 행사가 한참 재미있게 진행되고 있었지만, 팔꿈치에 난 상처 때
문에 다른 아이들처럼 행사에 즐겁게 참여할 수 없었다. 어느 때부터인가
팔에 상처가 생기더니 낫지 않고 점점 커져만 가서 붕대를 동여매고 불편
하게 학교에 다녔는데 하필이면 그날, 통증이 더욱 심해진 것이다.

통증은 팔꿈치에 그치지 않고 다리까지 전달되었다. 온몸이 무겁고 고
통스러워서 자유롭게 움직일 수가 없었다. 쉬면 아픔이 가시리라는 생각
에 조퇴하고 집에 와 누워 있었지만 아무 소용이 없었다. 더더욱 놀랄 일
은 몸 전체에 좁쌀 같은 붉은 반점이 솟아오르기 시작하더니 얼굴에까지
번져서 점점 붉게 물들어 갔다.

다음 날 괴로운 통증을 참은 채 붉은 반점이 핀 얼굴로 공부를 하겠다
고 학교에 나갔다. 하지만 갑자기 달라진 내 모습은 반 친구들의 주목을
받았다. 친구들은 내 얼굴을 유심히 쳐다보며 저희들끼리 수군거렸다. 그
러다가 한 아이가 고개를 갸웃거리며 물었다.

"얼굴에 난 게 뭐냐?"

"나도 몰라."

나는 가볍게 대답했는데, 이번에는 다른 친구가 입을 열었다.

"네 얼굴이 이상해. 딴 사람 같단 말이야."

그때였다. 한 친구가 눈을 동그랗게 뜨고 소리쳤다.

"너 혹시 한센병에 걸린 것 아니니? 꼭 한센병 환자 같다."

그 말을 듣는 순간 깜짝 놀라 눈앞이 캄캄해졌고 갑자기 가슴 한쪽이 서늘해지면서 눈을 감았는지 떴는지 모르게 어두움과 두려움이 밀려왔다.

진찰을 받고

내가 한센병에 걸렸다는 소문은 곧 학교 전체에 퍼졌다. 담임 선생님이 나를 교장실로 데려갔다. 이미 소문을 들은 교장 선생님이 담임 선생님께 말했다.

"아이를 병원에 데리고 가서 진찰을 받아 보세요."

"예, 다녀오겠습니다."

나는 담임 선생님과 함께 읍내에 있는 피부과 병원으로 갔다. 의사는 내 모습을 보더니 첫눈에 짐작한 듯 부드러운 붓을 한 자루 갖고 오더니, 내 옷을 벗기고 눈을 감으라고 했다. 그러고는 붓 끝으로 내 몸 이곳저곳을 쓸면서 물었다.

"붓 끝이 어디 어디에 닿는지 손으로 짚어 보아라."

나는 눈을 감은 채 감각이 느껴지는 곳에 손을 짚었다. 그러나 팔꿈치를 비롯한 몇 군데는 전혀 붓 끝의 감촉이 느껴지지 않았다. 의사의 지시에 따라 나는 다시 눈을 뜨고 옷을 입었다. 진찰 결과는 예상했던 대로 한센병으로 판명되었다. 병원을 나왔지만 선생님은 아무런 말씀이 없었고 나도 할 말이 없었다.

집으로 돌아온 뒤, 나는 바로 다음 날부터 학교에 가는 것을 그만두었다. 한센병 환자가 공부를 해서 무엇을 한단 말인가. 이 병은 약도 없는 모양이었다. 나의 기나긴 슬픔은 그때부터 시작되었다. 상처는 도무지 낫지 않았다. 게다가 보통 상처 부위를 만지면 아픈 것이 정상일 텐데, 상처를 뜯어내도 전혀 아프지 않았다. 상처는 점점 더 크게 번져 갔고 서서히 얼굴도 부어올랐다. 거울을 보면 내가 봐도 얼굴이 보기 흉했다. 나는 어제의 내가 아니었다.

답답한 골방생활

작은 마을이라 소문은 순식간에 퍼졌다. 온 동네 사람들은 만날 때마다 나와 우리 집 이야기를 수군거렸다.

"동네에 한센병 환자를 그냥 두면 안 되는데……."

"격리 수용을 하든지 어디로 보내든지 해야지 그냥 둘 수는 없어."

사람들의 염려와 웅성거리는 소리는 우리 집 식구들에게까지 들려왔다. 마을 사람들은 아예 우리 집에 발길을 끊었다. 모내기를 해야 하는데 우리 집에 일하러 오려는 일꾼이 없었다. 나 때문에 농사일까지 막대한 지장을 받았다.

마을 전체가 사용하는 공동 우물이 공교롭게도 우리 집 앞에 있었는데, 소문이 난 뒤로는 누구 하나 물을 길러 오지 않았다. 대신 집집마다 샘을 파는 소동이 벌어졌다. 나 때문에 일어나는 이런 일들이 골방에 누워 있는 내게 커다란 괴로움을 주었다.

'나 하나 때문에 우리 가족만 괴로운 것이 아니고 온 동네 사람들 전체가 어려움을 당하는구나!'

육체적인 아픔보다 마음의 고통이 더 컸다. 어린 나이였지만 그런 것쯤은 알았다. 사람이라면 세상에 태어나 다른 사람에게 유익을 주고 사회와 국가에 보탬이 돼야지 해를 준다면 살아 있을 필요가 없다는 생각마저 들었다. 나는 괴롭고 슬퍼서 혼자 울고 또 울었지만 아무 소용이 없었다. 내 울음은 아무런 의미도 없고, 아무 필요도 없는 울음일 뿐이었다. 그러나 하염없이 흐르는 눈물을 주체할 수 없었다. 날마다 멍하니 앉아 서글픈 내 신세를 한탄하며 하루하루를 눈물로 보냈다. 화장실에 갈 때 외에는 밖으로 나오지도 않았다. 사람들이 미웠고, 가족에게까지 차츰 변해 가는 내 모습을 보여 주기가 싫었다.

집을 나간 어머니

그러던 어느 날인가 어머니가 홀연히 집을 나갔다. 병든 아들을 보기가 싫었는지 동네 사람들의 얼굴을 대하기가 부끄러워서인지 가족에게 아무런 말도 없이 집을 나간 것이다. 어디로 가신 것일까. 무엇하러 나가신 것일까. 나를 가장 아끼고 사랑한 어머니는 나를 버리고 떠나서 돌아오지 않았다. 차라리 세상을 떠났다는 소식을 들었다면 체념이라도 할 텐데, 그냥 말없이 집을 나간 어머니는 소식이 없었다. 아마도 세상 사람들이 저주스럽게 생각하는 나쁜 병에 걸린 아들을 낳은 것이 부끄러워 집을 나간 것이리라. 하지만 병든 이 아들은 어떻게 살란 말인가!

일찍이 아버지는 일본에 징용으로 끌려가셨다가 구사일생으로 살아 돌아왔지만 내가 다섯 살 되던 해에 병이 들어 세상을 떠나셨다. 그런데 이제 어머니마저 집을 나갔으니 우리 다섯 형제만 남은 것이다.

게다가 할머니도 계시고 시집 안 간 고모까지 있어 식구는 많았다. 내가 병들기 일 년 전에 큰형님이 결혼했는데 가난한 생활에 이만저만 쪼들리는 게 아니어서 형수는 불만이 많았다. 형수는 늘 찡그린 얼굴로 일에 지쳐 있었다. 하지만 우리 형제들은 큰형님과 형수를 기둥으로 여겼다. 이러한 형편에 내가 병들고 어머니마저 집을 나갔으니 집안이 잘될 리 없었다. 온 식구가 기를 펴지 못하고 지냈다.

많고 많은 병 가운데 왜 하필 나는 한센병에 걸린 것일까? 나 혼자만 고통을 당하면 되는데, 왜 부모 형제들까지 괴롭히며 피해를 주는 병에 걸렸을까? 하늘이 원망스럽고, 조상이 원망스러웠다. 부모님은 이런 몹쓸 아들을 낳고 책임도 지지 않은 채 떠났으니 나는 누구를 믿고 의지하며 살아가야 한단 말인가?

산골짜기 외딴 움막

큰형님은 나를 위해 동네에서 2킬로미터 떨어진 산골짜기에 움막을 지었다. 움막은 비바람을 피하도록 단단히 세워졌다. 그때만 해도 한센병 환자는 건강한 사람들과 격리되어 멀리 떨어져 살아야 했다. 나는 아무런 불평도 할 수 없었다. 집을 떠나 움막으로 갔더니, 할머니와 큰형님이 이불과 혼자 끓여 먹고 지낼 수 있는 취사도구를 갖다 주었다.

이제는 완전히 혼자였다. 넓고 넓은 세상, 많고 많은 사람 중에 나는 혼자였다. 부모도 병든 내가 싫어 곁을 떠났는데 세상 사람 그 누가 나를 가까이 해 줄 것인가? 이제부터는 나 혼자 이 산속에서 해와 달과 나무, 풀과 돌멩이, 그리고 산새와 산짐승들과 벗하며 살아야 했다.

밤이 되었다. 산골짜기의 밤은 더욱 어둡고 음산했다. 밤이 깊어지면 간드러진 여우 울음소리가 고요한 산 계곡을 타고 메아리쳐 왔다. 나는 너무 무서워서 병든 것도 잊은 채 방문을 단단히 잠그고 이불을 뒤집어썼다. 적막한 산골, 깊은 밤중에 홀로 남겨진 어린아이였던 나는 너무나 무서워 잠을 이룰 수가 없었고 공포에 떠느라 새벽녘이 되어야 겨우 잠이 들곤 했다.

다음 날 아침 늦게 잠에서 깨어나면 해가 중천에 떠올라 있었다. 일어나 불을 지피고 밥을 지었다. 그래도 살겠다고 밥술을 꾸역꾸역 입에 떠넣을 때는 하염없이 눈물만 흘렸다.

산 아래로 걸어 내려와 신작로가 보이는 바위에 앉아 하루 종일 신작로만 바라보곤 했다. 간혹 사람이 지나가면 반가움이 앞서, 그 사람이 모퉁이로 사라질 때까지 한참 동안 눈길을 떼지 못했다. 신작로 건너편에는 우리 논이 있었다. 그 논을 바라보며 오래전 모 심을 때 일을 생각하기도 했다. 그때는 나도 한몫 거들었는데, 병이 난 이후로는 다 부질없는 일이 되었다.

아무도 찾아오는 이 없는 산골짜기 외딴 오두막집, 나는 산짐승들보다 외로운 존재였다. 산짐승들은 친구가 있고 가족이 있지만 나는 혼자였다.

짐승들은 그들의 삶의 터전인 산속에서 자유롭고 기쁘게 뛰놀 수 있지만, 인간인 나는 인간 세상으로부터 버림받았으니 얼마나 가련한 일인가!

이따금 큰형님이 찾아와 함께 지내다 가거나, 할머니가 먹을 것을 챙겨 갖고 와서 얼마 동안 놀아 주고 내려가셨다. 장난꾸러기 동네 아이들은 종종 움막 가까이 올라와 소리를 치며 놀리는 일도 있었다.

"이 ○○ 새끼야. 너 혼자 뭐하냐?"

아이들은 나에게 돌을 던졌다. 한때는 다정한 친구들이었는데, 그때의 나는 그들에게 친구가 아닌 괴물에 불과했다. 물론 나는 병들기 이전과 다름없이 친구들을 생각했지만, 그들은 몰골이 흉한 나를 친구로 여기지 않았다. 얼굴이 부었다가 일그러지고 눈썹은 모두 빠져 버렸다. 내가 봐도 흉하기 짝이 없는 모습을 보고 친구들이 어떻게 예전처럼 대해 주겠는가? 나는 조롱받아 마땅하고 돌에 맞아도 당연했다.

그러나 한편 생각하면 할수록 억울하고 원통했다. 도대체 내가 무슨 큰 죄를 지었단 말인가? 내가 이렇게 흉한 모습으로 변해야 할 이유가 무엇이란 말인가? 나는 아직 어리지 않는가? 어린 내가 얼마나 용서받을 수 없는 큰 죄를 지었기에 이런 가혹한 형벌을 받아야 하는가?

"하나님! 너무하십니다. 조상님들! 너무하십니다. 내가 무슨 못된 짓을 했기에 이렇게 지독한 형벌을 주시는 겁니까? 너무하십니다. 정말 너무하십니다."

나는 땅을 치며 통곡했다.

형수가 집을 나가다

내가 산골짜기 움막에서 아무것도 모른 채 처참한 신세를 한탄하고 있는 동안 우리 집은 말이 아니었다. 이웃 사람들의 따가운 눈총 때문에 식구들도 나와 같은 고통을 겪고 있었던 것이다.

스무 살 꽃다운 나이였던 고모는 중매가 들어오지 않았다. 할머니는 고모 때문에 더욱 괴로워하셨다. 이러한 형편에 또 한 번 절망적이고도 슬픈 소식을 들었다. 형수가 결국 집을 나갔다는 것이다. 큰형님은 집을 나간 형수를 찾기 위해 백방으로 노력했지만 소용없었다. 형수의 친정은 물론 갔을 만한 곳은 다 찾아보았지만 형수의 그림자도 보이지 않았다. 먼 곳으로 도망가 버린 것이 틀림없었다. 형수의 가출로 마음이 몹시 상한 큰형님은 괴로워하며 술에 취해 살았다. 맑은 정신으로는 지내기가 어려웠던 모양이다. 끝내 형수는 찾을 수 없었고, 집으로 돌아오지 않았다.

고모가 어려운 집안 살림을 맡아 혼신의 힘을 기울였다. 시집도 안 간 고모는 용케도 어려운 환경을 극복하고 버텨 나갔다. 병든 나 때문에 형수까지 집을 나가고 큰형님은 실의에 빠져 술로 나날을 보내게 되자 나는 스스로가 미워서 견딜 수가 없었다. 나 한 사람 때문에 가족 모두 수난과 수모를 당하는 사실이 너무 괴로웠다. 가족에게 도움은커녕 피해를 주고 있으니 어찌 괴롭지 않겠는가? 내 자신이 한없이 밉고 원망스러워 죽고 싶은 심정뿐이었다. 아무런 희망도 즐거움도 없는 나는 살아 있어도 죽은 것이나 다름없었다. 이러한 삶일진대 사는 것이 더 괴로운 일이 아닌가?

큰형님의 죽음

형수가 집을 나간 뒤 큰형님은 점차 사람이 달라져 갔다. 늘 술에 취해 있었으며 눈동자는 충혈되어 어딘가 아득히 먼 곳을 바라보는 것 같았다. 내가 거처하는 움막에도 자주 올라와 병든 나에게 조금도 거리감을 두지 않고 함께 지냈다. 나와 둘이 이야기하다가 밤이면 나란히 이불을 덮고 잠을 잤다.

"명남아, 혼자 지내기 외롭지? 그러나 세상이 그런 걸 어쩌겠니?"

"아니요, 제가 병들었기 때문에 여기 있는 것 아니겠어요? 저를 멀리하는 사람들이 나쁜 게 아니라 제가 걸린 지독한 병이 나쁜 것이지오."

눈물을 글썽이며 말하면 형님은 측은한 듯 부어오른 내 손을 잡고 한숨을 내쉬며 말했다.

"그래, 그래. 내 착한 동생에게 이 무슨 잔인한 병이 걸렸단 말이냐?"

큰형님이 소리내어 울면 나도 따라 크게 소리내어 울었다. 큰형님은 정이 많고 따뜻한 분이었다. 그런 큰형님의 모습이 날이 갈수록 말이 아니게 초췌해졌다. 식사도 제때 안 하고 매일 술만 마시니 그럴 수밖에 없었다. 큰형님의 몸은 서서히 시들어 병색이 농후했다.

"큰형님, 어디 아프신 거 아니에요?"

내가 물으면 큰형님은 대수롭지 않게 대답했다.

"괜찮아! 망할 놈의 세상, 죽으면 대수냐? 아까울 것 하나 없는 인생이 아니더냐?"

"아니요, 형님은 살아야 해요!"

"걱정 마라, 너는 꼭 병이 나아야 해! 그리고 살아야 한다. 절망은 병이다. 절대 절망하지 말아야 한다."

큰형님은 오히려 나를 위로하고 격려했다.

어느덧 형수가 집을 나간 지 6개월이 지났지만 형수의 소식은 묘연했
다. 큰형님은 몸이 극도로 쇠약해져서 거동조차 할 수 없었고 집으로 내
려가지도 않고 움막에서 그대로 죽치고 누웠는데, 결국 병이 깊어져 자리
에서 일어날 수도 없었다.

"푸~ 푸~."

큰형님은 화병에 걸렸는지 끙끙 앓으면서 한숨 소리인지, 가슴에 찬
울화를 토해 내는 숨소리인지 이상한 바람 소리만 토해 냈다. 우리 마을
은 의사도 의원도 없는 작은 시골이라 병을 치료하려면 읍내로 나가야 했
다. 나는 옆에서 지켜보기 안타까워 큰형님에게 병원을 가라고 권유했다.

"형님! 병원에 가 보셔야지요."

그러나 큰형님은 거절했다.

"아니다. 병원은 무슨 병원, 내 병은 내가 잘 안다. 걱정하지 마라."

하지만 왜 걱정이 안 되겠는가? 우리 집의 기둥인 큰형님이 쓰러지면
우리 가정도 끝장난다는 걸 너무도 잘 아는 나는 형님에게 병원에 가라
고 수십 번 권유하고 백방으로 노력했지만 형님의 고집을 꺾을 수 없었
다.

병이 점점 악화되자 큰형님은 몹시 괴로워했다. 그러나 산속에서는 마
땅한 약을 구할 수도 없고, 어떻게 해 볼 도리가 없었다. 나는 한센병에
걸린 나보다 큰형님이 신음하는 모습 때문에 더욱 괴로웠다. 할머니도 안
타까워하며 움막으로 올라와 큰형님을 돌보셨지만 다 소용없는 일이었
다. 결국 큰형님은 아픔과 고통을 혼자 감당하다가 스물여덟 한창 나이에

끝내 한 많은 세상을 떠났다.

나는 형님의 시신 옆에서 한없이 울었다. 할머니도 자신보다 먼저 떠난 손자의 죽음을 가슴 아파하며 통곡하셨다. 산골짜기 외딴 움막에 할머니와 어린 손자의 피맺힌 울음소리가 가득찼다.

그러나 몇 시간이고 넋놓아 울고만 있을 일이 아니었다. 할머니는 정신을 차린 뒤 집에 내려가 괭이와 삽을 갖고 오셨다. 나는 할머니와 번갈아 가며 구덩이를 팠다. 움막 근처 양지바른 뒷산 구석진 곳에 큰형님의 시신을 묻었다. 잔디를 입히고 돌을 주워다가 무덤 앞에 표시를 했다.

큰형님을 잃고 나니 더욱 허전했다. 세상에서 완전히 혼자가 된 기분이었다. 나를 가장 사랑해 주고 위해 주던 분이 아니던가! 차라리 나도 큰형님을 따라 저세상으로 가고 싶은 심정이었다.

날마다 형님의 무덤 앞에 앉아 눈물을 흘렸다. 보는 사람도, 들을 사람도 없는 산속에서 그립기만 한 큰형님을 생각하며 지쳐 쓰러질 때까지 울고 또 울었다.

죽으려고 불을 질렀는데

큰형님이 세상을 떠난 뒤, 나는 더욱 절망하여 삶의 의욕을 잃었다. 살고 싶은 생각이 눈곱만큼도 들지 않았다. 더욱이 나 때문에 가족들이 고통을 받고 있지 않는가? 하잘것없는 나로 인해 가족들에게 많은 피해를 주고 있다는 생각이 들자 문득 살아 있는 것이 죄스러웠다.

'차라리 죽어 버리자! 나 하나만 이 세상에서 없어지면 가족들은 나를

잃은 슬픔에 잠시 마음 아파하겠지만 시간이 지나면 그 상처는 빨리 치유가 될 것이다.'

수십 번 생각했다. 사람이 산다는 것은 미래가 있기 때문이다. 미래의 희망을 보고 살아가는 것이다. 사람은 누구나 지금 괴로워도 훗날은 즐겁고 행복할 것을 기대하며 살아간다.

그러나 내게는 미래가 없었다. 희망 같은 건 강 건너 먼 곳으로 사라진 지 오래다. 내 몸에 침입한 병은 나를 절망의 수렁으로만 몰아가고 있었다. 죽고 싶었다. 아니 죽어야 마땅했다. 처음부터 나는 없어야 한 존재였다. 잘못 태어났기 때문에 처음의 없었던 상태로 되돌아가야 한다고 생각했다. 이 오욕의 세상, 살아서 좋을 것은 아무것도 없었다. 내가 죽는 것만이 모두를 위해 좋은 일이었고, 나 또한 아픔의 고통과 멸시의 눈길에서 해방되고 싶었다.

나는 누워 있다가 자리를 박차고 일어나 희멀건 눈을 뜨고 움막 안을 두리번거리며 살펴보았다. 마침 성냥갑이 눈에 들어왔다.

'저것이다! 이 움막에 불을 질러야지. 불길에 싸여 나도 움막도 함께 사라지는 거다.'

성냥개비에 불을 붙였다. 더럽고 지겨운 움막에서 벗어나기 위해 죽음을 결심한 것이다. 성냥개비 하나의 작은 불씨는 마침내 커다란 불길로 번지기 시작했다. 움막은 곧 불길에 싸여 활활 타올랐다. 순간 나를 극진히 사랑하고 위해 주던 할머니 얼굴이 떠올랐다.

'할머니! 용서하세요.'

아련히 연기 속에서 집 나간 어머니의 모습도 피어올랐다. 나를 버리고 떠났지만 그래도 그리운 어머니였다.

"엄마야!"

나는 소리치며 엉엉 울었다. 그때 밖에서 사람 소리가 들려왔다.

"웬 불이여?"

마침 나무하러 산에 올라왔던 동네 아저씨가 움막의 불길을 보고 놀라 불을 끄기 시작했다. 아저씨는 이불을 뒤집어쓴 채 만신창이가 된 나를 끌어냈다. 다행인지 불행인지 죽으려던 내 계획은 실패로 돌아갔다. 다시 살아난 것이다. 죽는 것도 그리 쉽지 않았다.

원망의 세월

사실 나는 죽음이 두려웠다. 돌이켜 보면 순간적으로 죽으려고 불을 지른 일이 가슴 떨리고 후회스럽기도 했다. 때마침 동네 아저씨가 올라와 불을 끄고 나를 살렸던 것은 지금 생각하면 하나님의 도우심이 분명하다. 그때는 세상에 할 일이 없었지만 먼 훗날 하나님 앞에서 할 일이 있었기에 하나님께서 나를 살려 주신 것이다. 이처럼 사람은 미래를 모른다.

겨울이 왔다. 함박눈이 펑펑 쏟아지고 있었다. 몸이 건강할 때는 눈이 낭만적이었다. 눈 오는 날은 너무 좋아서 온 동네를 강아지처럼 뛰어다니곤 했다. 그러나 산속에 사는 내게 눈은 반가운 것이 아니었다.

눈은 쌓이고, 쌓인 눈은 녹으면서 얼어붙었다. 눈은 낮에는 녹아내렸고 밤이 되면 얼어붙어 빙판을 만들었다. 눈이 얼어붙자 길이 막혀 할머니께서 움막에 올라오지 못하셨다. 움막 안에는 먹을 게 금방 동이 났다. 고구마 몇 뿌리로 연명하면서 긴긴 동짓달을 나야 했다. 병든 몸은 추위에 약해 한기를 더 많이 느꼈다. 먹지 못하고 추위에 떨게 되니 병은 악화되었고 몸이 점점 시들어 갔다. 나는 오래전 기억을 더듬으며 어떻게든 배고픔과 추위를 이겨 내려 애썼다.

초등학교 3학년 때였던가. 우리 마을에 전도사 한 분이 찾아와 집집마다 다니며 모여드는 아이들에게 노래를 가르쳤던 일이 있다. 가물가물한 그 기억을 더듬으며, 길고 지루한 겨울밤을 노래로 지새웠다.

"하나님은 나의 목자시니 내게 부족함이 없으리로다. 나로 하여금 푸른 풀밭에 눕게 하시며 잔잔한 물가로 인도하여 주시네."

노래의 의미를 알고 부른 것이 아니라 그냥 지루하고 겁이 나서 흥얼거리기 시작했다. 그렇게 부르고 또 부르다 보니 이상하게도 마음이 한결 평안해지고 공포도 조금은 사라졌다. 하지만 노래가 끝나고 깊은 생각에 젖으면 또 원망의 마음이 밀물처럼 가슴에 출렁였다. 수많은 사람 가운데 하필 왜 내게 이런 몹쓸 병이 찾아왔는지 부모님도 조상님도 하나님도 미워졌다.

차라리 세상에 태어나지 않았으면 이렇게 아프거나 괴로운 슬픈 세월을 보내지 않아도 되었으리라. 내가 세상에 나오고 싶어 온 것도 아니다. 나는 그냥 험한 세상에 내팽개쳐진 것이다. 부모님은 모든 책임을 회피하고 멀리 떠났고 나 혼자 이 견딜 수 없는 고통과 슬픔을 감당하게 했으니 원망스러울 수밖에……. 나 혼자서 어떻게 이 무거운 고통의 짐을 지고 살아가라고 그들은 떠나간 것일까?

반가운 아주머니

　지루했던 겨울이 지나고 개나리와 진달래가 피는 봄이 와 몸이 더 나른해져 견디기 어려웠다. 그러나 봄은 훌쩍 지나갔고, 어느덧 여름이 왔다. 여름은 땀을 흘려야 하니 더욱 지겨웠다. 나는 온종일 신작로가 내다보이는 그늘 밑 바위 위에서 지냈다.

　늦여름 더위가 한창이던 9월, 반가운 손님이 내 움막으로 찾아왔다. 40대 중반의 아주머니였다. 생판 모르는 남이지만 누군가 찾아와 주니 무척 반가웠다. 얼굴을 보니 한센병을 앓은 흔적이 남아 있었다. 왠지 부모 형제 같은 뜨거운 친근감이 나를 사로잡았다.

　"아주머니, 어떻게 이곳까지 오셨나요?"

　"우연히 마을에 왔다가 자네 이야기를 듣고 찾아왔다네."

　"고마워요."

　눈물이 핑 돌았다. 반가움의 눈물이었다. 겉으로는 사람 만나기를 싫어 하면서도 진정 내 마음 깊은 곳에서는 사람을 그리워하고 있었던 것이다. 큰형님이 돌아가신 뒤로 할머니 이외에 아무도 찾아오지 않는 이 외딴 움막에 사람이 찾아왔으니 얼마나 반갑고 기뻤겠는가. 더욱이 아주머니는 나와 같은 병을 앓은 선배였으니 반가울 수밖에 없었다. 아주머니는 말을 계속했다.

　"왜 여태껏 여기에 머물러 시간만 보내고 있어!"

　"그럼 어떡해요?"

　아주머니는 퉁퉁 부어오른 내 손을 꼭 잡고 정이 가득 담긴 말을 쏟아냈다.

"소록도에 가야지. 그곳에 가면 치료를 받을 수 있단다. 한센병이 깨끗하게 낫게 된단 말이다. 진작 갔으면 더 깨끗이 흔적도 없이 나을 수 있었을 텐데……. 지금이라도 빨리 치료를 받아야 한다. 내일 당장 소록도로 가야 해!"

"정말 병이 나을 수 있을까요?"

"그렇다니까!"

나는 구세주를 만난 듯 기뻤다. 이 지독한 병이 나을 수 있다니 그 이상 더 반갑고 기쁜 소식이 어디에 있는가!

"그런데 소록도가 어디에 있나요?"

그때까지 한 번도 먼 여행을 해 보지 못한 시골 촌뜨기인 나로서는 소록도라는 이름만 듣고도 아득하기만 했다.

"전라남도 고흥에 있어. 내가 주소와 약도를 적어 줄 테니 이걸 보고 찾아가면 돼."

"감사합니다. 정말 감사합니다."

나는 아주머니에게 절을 하고 또 하며 수십 번 고마움의 인사를 했다.

소록도 가는 길

그날 밤으로 나는 당장 짐을 챙겨 지긋지긋한 움막을 떠나 집으로 향했다. 그동안 내 몸을 담아 주던 보금자리였기에 조금 아쉽기도 했다.

"움막아 잘 있거라. 나는 건강해지기 위해 떠난다."

내 목소리가 온 산을 메아리쳐 다시 내 귀에 되돌아왔다. 마음이 가벼워졌다. 한센병을 치유할 수 있는 방법이 있다니 얼마나 다행스러운 일인가! 조금도 머뭇거릴 수가 없었다. 집에 와서 할머니와 가족들에게 이 사실을 이야기했더니 모두들 기뻐하며 떠날 채비를 마련해 주셨다.

며칠 뒤, 밤에 읍내로 나가 대전행 버스를 탔다. 나는 가족들과 헤어져 멀리 떠나자니 마음이 아팠지만, 그보다는 병을 고칠 수 있다는 커다란 희망에 부풀어 있었다. 대전에서 출발하는 순천행 기차를 기다렸다. 기차는 화물칸이 많은 완행 열차였다. 나는 추한 모습을 보이지 않기 위해 수건으로 얼굴을 감싸고 창문 쪽에 앉아 줄곧 눈길을 창밖에 두고 있었다. 그런데 옆에 앉아 있던 사람이 얼굴을 수건으로 감싼 나를 이상히 생각하고 자세히 살피더니 의심스럽다는 듯 갑자기 소리쳤다.

"혹시 한센병 환자 아닌가?"

앞쪽 사람과 주위 사람들의 눈길이 일제히 내게로 쏠렸다.

"글쎄 말이야. 맞네. 한센병 환자네!"

순식간에 사람들이 자리에서 일어나 저만치 다른 곳으로 나를 피해 앉았다. 나 혼자 넓은 의자를 차지하게 되었지만 어쩔 수 없는 일이었다. 걸어서 그 먼 곳까지 갈 수는 없는 노릇이었다. 다만 사람들이 나를 피해 다른 자리로 갔으니 그들에겐 정말 미안한 일이었다. 그때 나는 벌써 열다섯 살의 장성한 소년이었다. 눈을 감고 미련스럽게 짐짓 창밖만 내다보며 앉아 있었다.

얼마 지나 유리창이 깨지는 것 같은 '쨍' 하는 소리가 들렸다.

"야, 일어나!"

고개를 들었더니 모자를 쓰고 남색 유니폼을 입은 열차 승무원이 나를 노려보고 있었다.

“이쪽으로 따라와!”

나는 영문도 모른 채 그를 뒤따라갔다. 모든 시선이 내 쪽으로 쏠렸다. 등 뒤로 수많은 눈총을 받으며 걸어가고 있을 때 열차가 작은 역에서 멈추었다. 승무원은 나더러 내리라고 재촉하며 이렇게 말했다.

“손님들이 탄 객실에 있으면 어떻게 해! 자, 저쪽으로 가자.”

그가 안내한 곳은 화물칸이었다. 나는 말없이 화물칸에 올라탔다. 갑자기 가슴이 먹먹했다. 나는 사람이 아니라 화물이었다. 같은 인간으로 태어나 인간 대접을 받지 못하고 화물 취급을 받으며 살아야 하다니, 내 신세가 한없이 슬프고 비참했다.

‘그래, 지금은 인간이 아닌 화물이다. 하지만 꼭 병이 나아 보통 사람으로 돌아오마.’

그때 나는 이를 악물고 마음속으로 굳게 다짐하며 서러움을 삼켰다. 하지만 덜컹거리는 화물칸에 실린 나의 눈에서는 눈물이 하염없이 흘러내렸다. 기차도 내 서러움의 눈물을 아는 듯 지칠 줄 모르고 밤새워 달렸다. 울다 지친 나는 어느샌가 잠이 들었다.

깨어 보니 어슴푸레 동이 튼 새벽이었다. 기차는 이미 순천역에 도착해 있었다. 역에서 내려 거리로 나왔다. 내겐 너무나도 낯선 거리였다. 날은 훤하게 밝아 오고 있었고 배가 고팠다. 역 앞에 즐비한 크고 작은 식당들 가운데 한 허름한 식당으로 들어갔다. 손님 몇몇이 식사를 하고 있었다. 자리를 잡고 앉았더니, 주인아주머니가 나를 힐끔 쳐다봤다.

“밥 한 상 주십시오.”

주문을 했더니 아주머니는 언짢은 얼굴로 나를 자세히 보다가 쌀쌀맞게 말을 뱉었다.

"밥 없다."

"돈은 드릴 테니, 밥 한 그릇만 주세요."

"글쎄 밥을 딸딸 긁어 팔아 버렸기 때문에 밥이 없단 말이다."

다른 식당으로 들어갔지만 마찬가지였다. 야속하게도 식당에서는 밥이 없다는 이유로 나를 맞아 주지 않았다. 돈이 있어도 밥을 사 먹을 수가 없었다. 아무도 내게는 밥을 팔지 않았다. 배에서는 꼬르륵 소리가 나고 허기진 배는 고프다 못해 쓰리고 아팠다.

할 수 없이 주린 배를 채우느라 가게에 들어가 빵과 우유를 사서 아침 식사를 대신했다. 겨우 허기를 달래고 버스 정류장에서 그 아주머니가 적어 준 대로 녹동행 버스를 탔다.

버스는 순천 시가지를 벗어나 비포장도로 위로 먼지를 뽀얗게 일으키며 달렸다. 얼마나 차가 많이 흔들거리는지 엉덩이가 들썩들썩했다. 소록도가 가까워 오고 있음을 알았다. 황톳길이었다. 먼지는 바람에 붉은 연기처럼 휘날렸다. 차창 밖이 온통 황토 먼지로 덮여 있었다. 그 먼지 사이로 벼들이 자란 논이 보였다. 누렇게 익은 벼 이삭이 산들바람에 나부끼고 있었다. 일가친척, 아는 사람 하나 없는 소록도. 그때 나는 한센병을 치료받을 수 있다는 한마디 말에 내 인생 전부를 걸고 소록도로 가고 있었다.

벼 이삭을 보니 고향 생각이 났다. 건강했던 어린 시절, 익은 벼 이삭을 훑어 그것을 삶아 찐쌀을 만들어 호주머니에 가득 넣고 다니며 씹어 먹던 일이 주마등처럼 눈앞을 스쳐 지나갔다. 꿈 같은 시절의 일이었다.

버스는 질주하고 있었다. 녹동에 도착한 것은 오후 1시쯤이었다. 버스에서 내려 부두 쪽으로 걸어가니 비린내가 코를 찔렀다. 눈앞에 들어온 바다의 풍경이 신기하기만 했다. 크고 작은 배들이 항구의 둑 밑에서 일렁이고 있었다.

앞을 보니 옆으로 길게 누운 섬이 보였다. 내가 온갖 멸시와 천대를 받으며 찾아온 섬, 바로 소록도가 거기 있었다. 마치 사슴 한 마리가 앞다리를 길게 뻗고 누워 있는 모습 같았다. 그래서 섬 이름이 '소록도'(小鹿島)라고 했다. 나와 같은 한센병 환자만 산다는 저 소록도는 분명 눈물의 섬이리라. 열여섯의 나는 저 눈물의 섬으로 가고 있었다.

2. 소록도 시절

도양호를 타고

녹동과 소록도 사이는 약 600미터 거리였다. 이 거리를 두고 바다의 물결이 인간 세상을 둘로 나누고 있다. 이쪽은 건강인의 세상이요, 저쪽은 환자의 세상이다. 이쪽은 웃음과 즐거움이 출렁이고 있고, 저쪽은 눈물과 슬픔이 굽이치고 있다.

나는 눈물과 슬픔이 있는 저편으로 가기 위해 통통배를 탔다. 배 이름은 '도양호'로 소록도만 왕래하는 연락선이었다. 배에 오르니 한센병 환자 몇 사람이 눈에 띄었다. 그들을 보는 순간 묘한 생각이 들었다. 하늘 아래 나 혼자 이 저주스러운 병을 안고 절망하고 괴로워하는 줄 알았는데 나 같은 사람들이 또 있다니…….

스물다섯 살쯤 되어 보이는 젊은 여인이 바다를 보고 서 있었다. 눈썹이 다 빠지고 없는 이지러진 얼굴에는 근심이 가득 차 있었다. 그녀의 눈동자에서는 가뭄에 빗방울 떨어지듯 눈물이 한 방울씩 톡톡 떨어졌다.

그 여인에게서 눈길을 돌려 멀어져 가는 녹동 쪽을 바라보았다. 언제쯤 왔던 길을 되돌아갈 수 있을까. 영원히 다시 갈 수 없는 것은 아닐까. 기약도 할 수 없이 가는 길이기에 육지에 대한 그리움이 왈칵 밀려왔다. 그러나 그 그리움을 갈매기 등에 실어 보내고, 나는 곧 현실로 돌아왔다.

어느덧 도양호는 소록도 언덕 아래에 도착했다. 배에서 내린 나는 사람들을 따라 걸어갔다. 얼마쯤 가니 사무실이 보였다. 옆에는 면회실이 있었다. 사무실에 가서 간단한 서류를 작성하면서 나는 많은 건강한 사람들을 보았다. 한센병 환자인 가족을 만나러 온 사람들이었다.

면회실의 사람들

유리창 하나를 사이에 두고 이쪽과 저쪽의 면회가 시작되었다. 건강한 사람들은 저쪽 건강인실에서 나오고, 환자는 이쪽 한센병 환자들이 모여 있는 곳에서 나왔다. 남편을 면회하러 온 듯 보이는 사십대 여인이 계속 울고 있었다. 남편이 이쪽에 서서 아내를 바라보고 있었다. 말을 잊은 채 둘은 가만히 서서 울기만 했다. 누나를 찾아온 동생은 면회실에서 누나를 보자마자 울었다. 전날의 아리따웠던 여인의 얼굴은 온데간데없이 흉하게 변한 누나가 불쌍해 더욱 큰 소리로 우는 듯했다.

나는 사무실에서 차례를 기다렸다. 입원 수속을 하고 있는 중이었다. 그날도 열 명쯤 되는 사람들이 나처럼 입원하기 위해 접수를 했다. 수속하는 사람들 중에는 내가 제일 어렸다. 같은 한센병 환자들이지만 모두들 나를 안타까운 표정으로 바라보았다. 자신들의 처지보다 내가 훨씬 딱하게 보인 모양이었다.

"어린것이 무슨 죄가 있다고……."

한센병이 무슨 죄 때문에 걸린 것인가? 죄와는 관계없이 어느 날 갑자기 찾아온 것이 아닌가? 따지고 보면 누구를 원망할 일도 아니다. 그러나 그날 면회실에서 건강한 사람들을 보면서, 나도 저렇게 건강한 때가 있었다는 생각이 들어 가슴은 더욱 미어졌다.

오근옥 장로님

오후 다섯 시쯤에야 내가 살 곳이 정해졌다. 사무실에서 기다리고 있으니 오십대 할머니 한 분이 들어왔다. 눈알이 벌겋고 두 손이 꼬부라진 모습이 한센병의 표본 같은 분이었다. 할머니는 나를 먼저 훑어 보더니 사무실 사람에게 물었다.

"이 아이입니까?"

"예, 할머니! 데려가세요."

그러자 할머니가 나에게 말을 던졌다.

"나를 따라 오너라."

나는 말없이 앞서 걸어가는 할머니 뒤를 따라갔다. 당시 소록도에는 남생리, 서생리, 구북리, 동생리, 중앙리, 신생리, 장안리 이렇게 일곱 개 마을이 있었다. 그 가운데 나는 남생리로 갔는데, 나중에 알았지만 남생리는 일곱 개 마을 가운데 제일 아름다운 마을이었다.

사실 소록도는 전체가 아름다운 섬이다. 중앙에 사는 마을 사람들만 바다를 느끼지 못할 뿐이다. 섬이 분지처럼 푹 파여 넓은 벌판을 품고 있기 때문에 분지 안 마을에 사는 사람들은 소록도가 섬이라는 사실을 잊고 살 정도다. 그러나 남생리는 아침저녁 파도 소리를 들으며 갈매기 울음에 향수를 느끼는 아름다운 마을이었다. 내가 머물 곳은 연립주택처럼 길게 이어진 건물의 중간쯤 되는 한 칸 방이었다. 집에 들어서자 마루에 육십이 갓 넘었을 듯싶은 노인이 앉아 있었다.

"안녕하세요."

내가 인사하자 노인이 눈을 끔벅끔벅하며 말했다.

"어디 가까이 와 봐! 한번 만져 보자."

곁으로 가까이 다가갔더니 노인이 손으로 내 몸을 만지작거리는 것이었다. 자세히 살펴보니 시각장애인이었다. 내 손을 꼼지락꼼지락 만져 본 뒤 노인이 혀를 끌끌 찼다.

"쯧쯧, 어린것이 불쌍하구나."

그때 주변에 사는 사람들이 하나 둘 모여들었다. 앞으로 내가 함께 살아갈 이웃들이었다. 이웃 사람들은 노인을 '장로님'이라고 불렀다.

"장로님, 안녕하세요."

"누고, 김 집사요?"

그때까지도 교회의 직분 명칭을 몰랐던 나는 별소리를 다 듣는구나 싶었다. 장로가 무엇인가? 시각장애인을 부르는 존칭인가? 집사는 또 무엇인가? 집을 지키는 사람인가?

지금 생각해 보면 다 우스운 일들이었다. 모르면 무식하다더니, 무식하면 우스운 사람이 될 수밖에 없다. 장로님의 이름은 오근옥이었다. 오 장로님은 여수 애양원에서 살다가 이곳에 오신 분이었다. 손양원 목사님을 모시고 장로님으로 교회에 봉사하다가 오셨는데, 애양원 교회 창립 때부터 교회를 위해 충성하신 분이라는 사실을 나중에 알았다. 당시 소록도교회에는 장로님이 열일곱 분 계셨는데, 오 장로님이 가장 선임 장로님이었다.

저녁때가 되어 밥상을 차려 주셨지만 먹기가 싫었다. 오랜 여행에 지쳐 피곤하기도 했지만, 그보다는 내 자신의 처지가 너무 처량하게 여겨져 밥맛이 없었다.

밤이 되어 잠자리에 누웠다. 지난밤 짐짝처럼 기차 화물칸으로 쫓겨가 새우잠을 자며 설움 받던 일과 고향의 산천이 생각나 어느새 눈물이 고였다. 할머니 얼굴도 떠올랐다. 한센병에 걸린 동생을 외면하지 않고 움막까지 찾아와 나를 달래 주던 돌아가신 형님도 생각났다.

친구들은 나 한 사람을 잃었지만 나는 그들 모두를 잃었기에 더욱 슬펐다. 무언가를 잃어버리는 것은 슬픈 일이다. 그때 내가 가진 것은 아무것도 없었다. 모든 것을 빼앗겼고, 잃어버렸다. 가슴에 남아 있는 것은 철없던 어린 시절의 그리움뿐이었다. 밤새 이런저런 생각으로 몸을 자반뒤집기 하다가 겨우 잠이 들었다.

잠결에 종소리가 요란스럽게 들려와서 눈을 떴다. 교회당에서 울리는 새벽 종소리였다. 종소리가 그치자 다시 눈을 감고 잠을 청하려는데 안방에서 주무시던 장로님이 일어나 옷을 입고 밖으로 나가는 기척이 들렸다. 조금 뒤에 지팡이 짚는 소리가 나더니 또닥또닥 지팡이 소리가 점점 멀어져 갔다. 장로님이 어디론가 나가시는 것이다. 이것도 나중에 안 일이지만 새벽 기도회에 참석하러 교회에 가셨던 것이다.

얼마 뒤 방문 여닫는 소리가 들려 눈을 뜨니 밖이 환히 밝아 있었다. 기도회에 갔던 장로님이 돌아오셨던 것이다.

다음 날, 나는 장로님께 여쭈었다.

"새벽에 어디 갔다 오신 것입니까?"

"새벽 기도회에 나갔다 왔단다."

새벽 기도! 그게 무슨 소용이 있단 말인가? 새벽 기도회에 참석하면 감긴 눈이 떠지나, 한센병이 물러가나, 다 부질없는 일인 것을……. 모두 헛수고하는 거야. 혼자 토라진 마음으로 장로님이 하는 일을 비웃었다. 당시 나에게는 허무한 마음이 파도처럼 밀려들 뿐이었다.

또다시 죽음을 향하여

아침 일찍 잠이 깨어 밖으로 나왔다. 시월 하늘은 맑고 높았다. 숲에서는 포르르포르르 산새가 울며 날고 있었다. 마음껏 날고 마음껏 지저귀는 산새는 얼마나 행복할까? 혹시 저 산새들 세계에도 한센병이 있을까? 아니 있을 리가 없다. 차라리 산새로 태어나지 못한 것이 한스러웠다. 허다한 생명 가운데 사람으로 태어나 사람 이하의 곤욕스러운 삶을 살아야 하다니 죽고 싶은 마음뿐이었다.

나는 바닷가로 나갔다. 잔잔한 파도가 밀려왔다가 밀려갔다. 짠 냄새가 코를 찔렀다. 바닷물도 살아서 숨 쉬고 움직이는 것만 같았다. 해변을 따라 걸었더니 발을 옮길 때마다 모래와 자갈이 바삭바삭 소리를 냈다. 밟을 때마다 아프다고 신음하는 소리 같았다.

얼마쯤 가니 산으로 이어진 반도 같은 곳에 바위가 하나 있었다. 그 바위 위에 올라섰다. 한센병 환자들이 여러 사람이나 자살한 경력을 가진 역사적인 바위였다. 바위 위에 서서 아래를 내려다보니 푸른 물결이 일렁이고 있었다. 마치 나더러 어서 뛰어내리라고 손짓하는 것만 같았다. 순간 마음속에 심한 동요가 일었다.

'그냥 확 빠져 죽어 버릴까. 그러면 모든 고통을 잊을 수 있을 거야. 몸의 고통보다 마음의 고통이 너무 크다. 살아가기에 괴로운 세상, 죽음으로 모든 것을 잊어버리자. 나는 처음부터 잘못 태어난 거야. 태어나지 말았어야 했는데 태어났으니 아예 아무것도 없던 처음으로 되돌아가자.'

다시 바다 물결을 내려다보았다. 물이 너무 맑았다. 푸른 물 속에 숭어 몇 마리가 놀고 있었다. 가늘고 긴 몸매에 작고 넓은 머리를 움직이면서 가볍게 헤엄치고 있었다. 숭어의 회청색 몸빛이 눈을 시원스럽게 했다. 바위 위에 앉아 헤엄치는 숭어의 모습을 물끄러미 바라보았다. 시원스럽게 헤엄치는 숭어의 모습을 보고 있자니 격한 마음이 조금 누그러졌고 죽어야겠다는 생각이 점차 사라졌다.

'숭어는 무슨 재미로 사는지 모르지만, 날마다 계속되는 헤엄으로 커가고 그것만을 즐기며 산다. 사람이 산다는 것도 별것 아니다. 어디에서든 자신에게 주어진 환경 속에서 스스로 즐거움을 찾으며 사는 게 중요하지 않을까? 그래, 살아 보는 거다. 끝까지 한번 가 보는 거다. 열심히 가다 보면 그 끝이 어떤지 알 수 있으리라. 사람으로 태어나 끝을 보지 않고 죽을 수는 없다. 사람 사는 길이 한 가지만 있는 것은 아니다. 모든 사람의 얼굴이 다르듯 사는 길도 제각각 다르리라. 나는 내 길을 가면 된다. 죽기는 왜 죽는가? 내가 가야 할 길을 끝까지 가 보자.'

나는 머릿속 생각이 정리되자 자리에서 벌떡 일어났다. 두 팔 벌려 기지개를 힘껏 켜고 소리를 크게 질렀다.

"어이!"

내 고함 소리는 출렁이는 파도에 실려 저 멀리 밀려갔다. 뒤돌아 살고 있는 집을 향해 성큼성큼 걸었다. 바위로 올 때보다 다리에 힘이 솟았다.

집으로 돌아오는 길에 도움실을 지나게 되었다. 도움실은 가장 약한 분들이 거주하는 곳이다. 손발이 없거나 손가락이 없어서 수저조차 쥐지 못하는 사람들이 다른 사람의 도움을 받아 식사도 하고 대소변도 가리며 살아가고 있었다.

그곳을 지나면서 나는 사람들을 보았다. 머리카락이 하나도 없는 사람, 눈이 먼 사람, 손발이 없는 사람 등 갖가지 불편함을 가진 사람들이 힘들게 몸을 움직이고 있었다. 너무나 슬프고 절망적인 삶을 사는 사람들이었다. 그들을 보면서 나 자신을 생각했다. 나도 세월이 흐르면 저렇게 되지 않을까? 눈앞이 캄캄했다. 조금 전에 솟아났던 용기가 다시 좌절감으로 변했다. 또다시 복잡한 상념에 젖은 채 집으로 돌아왔다. 밥상이 준비되어 있었지만, 입맛도 없고 밥을 먹고 싶은 생각이 없어서 그냥 상을 물리고 말았다.

주일예배에 참석

주일 아침이 밝았다. 사람들은 이른 아침부터 매우 분주했다. 얼굴을 씻고 몸을 단장하고 새 옷으로 갈아입었다. 오근옥 장로님이 나에게 무게 있는 말을 던졌다.

"애야, 오늘은 주일인데 교회에 가야지!"

교회가 무엇을 하는 곳인지도 모르고 자란 내게 장로님이 교회에 가자고 하신 것이었다.

"아직 교회에 가 본 적이 없는데요."

대답이 궁해서 이런 말을 툭 던졌다.

"오늘 같이 가자꾸나. 나가 보면 알아!"

오 장로님의 근엄한 말에 왠지 마음이 끌렸다.

"예, 가겠습니다."

흔쾌히 장로님을 따라 나섰다. 아니 눈이 안 보이는 장로님을 내가 앞서 모시고 걸었다. 장로님 부인이 뒤를 따랐다. 소록도 마을 사람들은 주일마다 중앙리 공회당에 모여 연합 예배를 드리고 있었다. 공회당은 산 중앙 넓은 터 위에 세워진 큰 건물인데, 집에서 거기까지는 거리가 좀 멀었다.

공회당 안은 수천 명이 앉을 수 있는 곳이었다. 예배는 오전 10시에 시작되지만 30분 전부터 교인들이 모여들더니 발걸음이 계속 이어졌다. 장로님은 앞자리로 가시고 나는 2층으로 올라갔다. 2층도 자리가 꽉 차 있었다. 자리에 앉아 아래를 내려다보니 수많은 교인들이 의자도 없는 마룻바닥에 그냥 앉아 있었다. 나중에 안 사실이지만 교인 수가 3천5백여 명이 넘었다.

일곱 개 마을 신자들이 전부 모여들었는데, 모두 환자들이었다. 2층에서 내려다보니 볼 만한 광경이었다. 눈 먼 사람, 팔다리가 없는 사람 등을 보니 마치 별세계(別世界)에 온 기분이었다. 그러나 신기하게도 그들의 얼굴에서 슬퍼하거나 절망하는 모습을 전혀 찾아볼 수 없었다. 일그러진 얼굴에서는 기쁨과 희열의 빛이 반짝였다. 나처럼 슬픔과 절망에 짓눌린 사람은 한 사람도 없었다. 참으로 이상한 일이었다. 무엇이 저 절망적인 사람들에게 절망 대신 소망을 주며, 슬픔 대신 희열을 안겨 주었는가? 나는 알고 싶었다. 그리고 나도 그것을 갖고 싶었다.

예배가 시작되었다. 찬송을 부를 때 모든 사람들이 손뼉을 쳤다. 시원찮은 손으로 치는 박수 소리는 우렁찼고, 찬송가 소리에도 힘이 있었다. 사람들은 엉덩이를 들었다 놓았다 들썩이면서 신명나게 찬송을 불렀다.

"저 건너편 강 언덕에 아름다운 낙원 있네. 믿는 이만 그곳으로 가겠네. 저 황금 문 들어가서 주님 함께 살리로다. 너와 날 위해 황금 종 울린다. 저 울리는 종소리와 천사들의 노랫소리 영광일세. 할렐루야 기쁘다. 빛나는 저 강 건너편 아름답고 영원한 곳. 너와 날 위해 황금 종 울린다."

찬송을 부르는 교인들의 얼굴에서는 기쁨이 넘쳐흘렀다. 하지만 나는 오히려 부정적인 마음이 들었다. 나도 모르게 비판적이고 반항적이 되었다. 병든 주제에 무엇이 좋다고 저렇게 손뼉을 치며 좋아하는 건가? 당시로서는 도저히 이해되지 않았다. 마음속에서 우러나는 영혼의 기쁨을 몰랐던 것이다. 그래서 나는 그들처럼 찬송을 부를 수가 없었다. 찬송가 책을 보면 따라 부를 수는 있겠지만, 나는 아예 부르고 싶지 않았다.

예배가 끝난 뒤 나는 자리에 멍하니 앉아 있었다. 잠시 뒤 아래층으로 내려가 오 장로님을 찾으니 장로님은 당회로 모인다고 별채 방으로 들어가셨다고 했다. 텅 빈 교회 안에서 장로님을 기다리고 있었다. 얼마 지나지 않아 사찰 집사가 와서 손짓하며 나를 불렀다. 그는 장로님들이 모여 있는 별채 방으로 나를 안내했다.

방 안에는 장로님 열일곱 분과 담임 목사님인 김두영 목사님이 앉아 계셨고 그들 앞에는 밥상이 차려져 있었다. 오근옥 장로님은 내가 방에 들어서자 당회원들 앞에서 나를 소개했다.

"이 애가 내 아들입니다. 이번에 새로 들어왔지요. 앞으로 어여쁘게 봐 주십시오."

나는 그분들 앞에서 절을 했다. 김두영 목사님이 나를 바라보며 웃으셨는데, 인자스러운 눈길에 호감이 갔다.

"자, 기도합시다."

김 목사님이 식사 기도를 시작했다. 기도 가운데 나를 위한 기도가 들어 있었다.

"…… 하나님, 이 어린것을 불쌍히 여겨 주시고 건강한 몸으로 회복되게 하옵소서……."

목사님의 기도로 내 마음은 기뻤고 몹시 흐뭇했다. 기도를 마치고 식사를 하려는데 자세히 보니 장로님 열일곱 분 가운데 앞을 못 보는 장로님이 네 분이나 계셨다. 나는 직감으로 이분들의 식사를 도와야겠다는 생각이 들어 오 장로님을 비롯한 시각장애인 장로님들이 식사하실 때 반찬을 골고루 집어 드렸더니 장로님들이 매우 기뻐하셨다.

그날 이후, 나는 기회가 있을 때마다 맹인 장로님들의 식사 수발을 들었다. 장로님들은 나를 사랑해 주셨고 기도할 때마다 내 기도를 잊지 않으셨다. 나는 그것이 기뻤다. 나를 위해 기도해 주시는 것이 마냥 좋았다. 그 시절의 나는 기도의 효험을 알지 못했지만, 누군가 나를 생각하며 기도해 준다는 사실만으로도 충분히 위안이 되었던 것이다.

남생리 치료실

소록도 치료실은 일반 병원과는 여러 가지 면에서 달랐다. 정식 의사나 간호사가 환자를 치료하는 것이 아니었다. 환자들 가운데 조금 나은 사람을 선발해 주사 놓는 법만 익혀 그들이 환자를 치료했다. 보조 간호사도 될 수 없는 그들은 환자에 불과했지만 호칭만은 간호사였다. 나는 정식 의사의 진단을 받지 못한 채 환자 간호사에게 진찰을 받았다. 내 병명은 '4+L형'이었다. 이는 '양성이 +4'라는 것이다.

나는 남생리 치료실에서 주사를 맞았다. 프로토민 주사를 하루에 한 대씩 맞았는데, 가슴이 답답하고 미어지는 것 같아 견딜 수가 없었다. 속이 메스꺼우면서 구토까지 나왔다. 내 느낌에 이것은 치료가 아니라 병을 더 키우는 것만 같았다. 그래도 며칠 동안 주사를 계속 맞으면서 처방해 준 약까지 먹었다. '다이아손'이라는 노란 알약이었는데, 당시 죽느냐 사느냐 하는 기로에 선 내게 선택권은 없었다.

한 달쯤 같은 방법으로 치료를 받았지만 병은 낫는 기미가 전혀 보이지 않았고 오히려 부작용이 생겨 결국 약을 중단하고 말았다. 치료실에 가서 내 몸 상태를 말했더니 '디디에스'라는 약으로 바꿔 주었다. 100밀리그램의 디디에스를 이틀에 한 번씩 먹으라고 했다. 다섯 알을 한꺼번에 먹으면 죽는 독약과도 같은 약이었다. 처방해 준 대로 이틀에 한 알씩 먹었지만 견딜 수 없이 괴로웠다. 두 다리가 후들후들 떨려서 걸음조차 걸을 수 없었고 몸에는 경련이 일어나는 듯 이상했다. 온몸에 힘이 쭉 빠졌다. 이 처방도 몸을 낫게 하는 것이 아니라 더 악화시키는 것 같았다. 몸은 점차 부어올랐고 눈을 뜰 수가 없을 정도가 되었다.

낙심이 되었다. 약이 내게 맞지 않는 것일까? 이내 낙심은 절망으로 변했다. 모든 일이 다 귀찮고 죽고 싶을 뿐이었다. 밤에는 잠을 이룰 수 없어 몸을 이리저리 뒤척이며 뒹굴었다. 괴로운 밤이 계속되었다. 나의 병은 무슨 병이기에 주사를 맞고 약을 먹어도 차도가 없는 것일까? 마음은 조급하고 답답하기만 했다.

첫 새벽 기도회에 나가던 날

요란한 교회 종소리에 눈을 떴다. 새벽이었다. 밖에는 비가 오고 있었다. 오 장로님은 어김없이 일어나 새벽 기도회에 나갈 준비를 하고 있었다. 낮고 조용한 소리로 부인을 재촉하는 듯했다.

"무엇하는 거요? 일어나지 않고!"

장로님 부인의 가느다란 목소리가 길게 들렸다.

"허리가 아파 꼼짝을 못하겠네요. 날씨 탓인가 봐요. 비가 오니 몸이 찌뿌둥해서 허리를 못 움직이겠어요."

"그래요? 그럼 오늘은 쉬어요."

오 장로님은 방문을 살짝 열고 밖으로 나가셨다. 나는 그냥 모르는 척 자리에 누워 있었다. 그러나 장로님은 내가 깨어 있는 것을 눈치 챈 모양이었다. 밖에서 지팡이를 더듬거리며 찾아 쥐고는 내 방을 향해 나직한 음성으로 말을 던졌다.

"애야, 오늘 아침에는 함께 새벽 기도하러 가지 않겠니?"

"……."

나는 아무 말도 하지 않고 가만히 누워 있었다. 오 장로님의 지팡이가 짚는 소리가 점점 멀어졌다. 결국 혼자 새벽 기도회에 가시는 것이었다. 지팡이 소리가 멀리 사라진 뒤에도 내 신경은 한동안 장로님의 지팡이 소리를 뒤쫓다가 되돌아왔다.

'병들어 쓸모없는 노인이 무슨 소원이 있어 새벽마다 한 번도 빠짐없이 기도회에 나가시는 걸까? 그런다고 하나님이 병이라도 고쳐 주신단 말인가?'

참으로 알 수 없는 일이었다. 잠시 생각에 빠져 있던 나는 문득 오 장로님의 그 한결같은 기도 생활이 내 마음을 서서히 움직이고 있음을 깨달았다. 자신의 연약함을 알고 보이지 않는 어떤 힘에 의지하는 것은 괜찮은 일임에 틀림없었다. 내게도 어떤 강한 힘이 필요했다. 무엇인가를 붙잡고 매달리고 싶었다. 보이지 않는 어떤 힘에 의지하고 싶었다. 외로웠다. 괴롭기만 했다. 울고도 싶었다. 할 수만 있다면 어린 아이처럼 소리내어 울고 싶었다.

그 시절 나는, 한센병을 고치겠다고 처방해 주는 약을 시키는 대로 먹었지만 병은 낫지 않고 오히려 악화되는 것만 같았다. 그러다 꼭 죽을 것만 같았고 몸은 극도로 쇠약해져 아픔도 이겨 내기 힘들었다. 그러나 몸의 아픔보다 마음의 고통이 더 심했다.

장로님이 나가신 뒤, 얼마 동안 누운 채 뒹굴거렸다. 잠은 다시 오지 않았다. 그러다가 갑자기 자리에서 벌떡 일어났다.

'그렇다. 나도 마지막으로 기도나 한번 해보자. 오 장로님이 저렇게 새벽마다 교회에 나가 간절히 부르짖는 걸 보면 기도를 들어 주시는 분이 계시는 것이 확실하다. 그렇지 않고야 저렇게 지극 정성일 수 있을까? 정

성을 온통 한곳에만 쏟고 있지 않은가?'

이렇게 결심한 나는 불을 켜고 주섬주섬 옷을 찾아 입었다. 그리고 어둠 속을 뛰었다. 얼마를 가니 오 장로님의 모습이 보였다. 가까이 뛰어가 장로님의 지팡이를 덥석 잡았더니 오 장로님이 놀란 얼굴로 물었다.

"누구요?"

"접니다. 명남이에요."

"아니, 네가 웬 일이냐?"

"새벽 기도회에 나가 보고 싶어서 달려왔어요."

"아까 가자고 할 때는 꼼짝도 않더니 마음이 움직였나 보구나. 하나님의 인도하심이다. 하나님의 도움 없이 사람은 아무것도 할 수 없단다."

"……"

"그래, 열심히 기도해라. 하나님께서 분명히 네 기도를 들어주실 것이다. 너는 병이 빨리 나아야 해. 어서 건강한 모습이 되어 하나님의 일을 해야 한다. 빨리 가자."

오 장로님이 앞서서 걷기 시작했다. 나는 곁에서 장로님을 부축하며 교회를 향해 발을 옮겼다. 연합 예배당인 공회당은 불이 환하게 켜져 있었다. 예배당 안으로 들어선 순간, 나는 또 한 번 놀라고 말았다. 그 새벽에 3천 명이 넘는 성도들이 꽉 들어차 앉아 있었다. 모든 교인들이 잠을 잊고 새벽마다 이렇게 열심히 각자의 소원을 기도하고 있는데 그동안 나만 편하게 잠을 잔 것이었다.

예배가 시작되었다. 성도들이 부르는 찬송가 소리가 넓은 예배당 안을 흔들어 놓았다. 그 소리는 창문 너머 널리널리 소록도 온 섬으로 퍼져나 갔다. 나는 넋을 잃고 앉아 있었다. 내가 어디에 와 있는지, 무엇을 하러 와서 앉아 있는지 잠시 잊었다. 마치 하늘에 올라가 구름 위에 앉아 있는 것만 같았다. 조용히 눈을 감고 진실한 마음으로 기도했다.

'하나님! 저의 죄를 용서하옵소서. 오만한 마음을 겸손하게 하시고 돌 같이 굳은 마음을 녹여 주옵소서.'

새벽예배는 간단히 끝났다. 각자 자유롭게 기도하는 시간이 되자 벌집을 쑤셔 놓은 듯 성도들은 저마다 야단스럽게 기도를 했다. 나도 무릎을 꿇고 앉아 마음을 가다듬고 소리내어 부르짖었다.

"하나님, 제 병을 고쳐 주옵소서. 그리 하시면 제가 하나님 계심을 믿고 많은 사람들에게 하나님의 살아 계심을 알리겠습니다. 이 아픔과 점점 악화되는 병세를 거두어 주소서."

눈물을 흘리며 간절히 기도했다. 울고 또 울어도 눈물은 그치지 않고 줄기차게 흘러내렸고 마치 낙수가 떨어질 때처럼 마룻바닥에 눈물이 뚝뚝 떨어졌다.

기도를 마친 뒤 자리에서 일어났다. 다른 사람들은 모두 돌아가고 없었다. 나는 오 장로님과 함께 돌아가기 위해 교회에 남아 당회가 끝나기를 기다렸다.

밖을 내다보니 비는 그치고 구름 사이로 언뜻 파란 하늘이 보였다. 나도 모르게 기분이 좋아졌다. 나는 강대상 밑으로 걸어가서 무릎을 꿇고 앉았다. 눈을 감고 다시 기도를 시작하려는데 문득 새벽에 목사님이 읽으신 성경구절과 설교 말씀이 떠올랐다.

"너희는 마음에 근심하지 마라. 하나님을 믿으니 또 나를 믿으라."(요 14:1)

하나님을 믿고 의지하면 몸도 마음도 건강함을 받을 수 있다고 목사님이 말씀하셨다. 나는 성경말씀과 목사님의 설교를 기억하면서 하나님 앞에 또 한 번 간절히 기도했다.

"하나님 아버지! 저를 불쌍히 여기사 제 병을 낫게 하옵소서. 이 어린것의 소원을 들어 주옵소서. 저도 건강한 사람이 되어 사회의 일원으로 활동하고 싶습니다. 제 작은 소망을 저버리지 마시고 이루어 주소서……."

울며 부르짖는 동안 한 번 흐르기 시작한 눈물은 좀처럼 그치지 않았다. 막혔던 눈물샘이 열린 듯 쉴 새 없이 눈물이 뺨을 타고 흘러내렸다.

기도를 마치고 다시 눈을 떴을 때 아침 햇살이 강대상 앞을 환하게 비추었다. 앉아 있는 내 자리에도 햇살이 들어와 따스하게 내 몸을 어루만져 주었다. 나는 눈이 부셔서 햇살을 바라볼 수 없었다. 자리에서 벌떡 일어나 창문 쪽으로 걸어가 창문을 활짝 열었다. 향긋한 바람이 훅 얼굴을 스쳤다. 기분이 좋았다. 마음이 하늘 위 구름을 타고 훨훨 나는 것 같았다. 내 마음에 무겁게 도사리고 앉아 있던 근심과 불안의 먹구름이 서서히 걷히듯 상쾌한 기분이 들었다. 그리고 밝은 햇살이 내 마음 구석구석을 찬란히 비추었다. 늘 절망감에 사로잡혀 우울하던 마음은 경쾌함으로 변했다. 나는 혼자가 아님을 느꼈다. 내 곁에 누군가가 계시는 것 같았다. 거룩하신 분이 내 마음 한곳에 고운 돗자리를 깔고 앉아 계시는 것이 느껴졌다. 신기한 일이었다. 순간 아픔이나 통증이 사라지고 날아간 듯, 몸이 가볍고 개운했다. 그때 사찰 집사가 찾아왔다.

"장로님들이 부르신다. 저쪽 방으로 가 봐라."

예배당에서 나와 장로님들이 모여 있는 방으로 들어가니 아침식사가 준비되어 있었다. 내가 장로님들 곁에 앉자, 김두영 목사님이 식사 기도를 했다. 기도 도중에 나를 위해 간구할 때 장로님 열일곱 분이 똑같이 입을 모아 "주여!" 하고 소리쳤다. 순간 내 마음이 뜨거워졌다. 나를 위하고 사랑해 주는 많은 분들이 있다는 생각에 또 감동했다. 감격의 눈물이 줄줄 흘러내렸다. 이날도 나는 시각장애인 장로님들의 숟가락에 부지런히 반찬을 올려 드렸다.

오 장로님과 함께 집으로 돌아오면서 이제부터는 새벽 기도회에 빠짐없이 나가야겠다고 마음을 굳혔다. 모든 것을 하나님께 맡기고 매달리기로 작정한 것이다. 그날 이후 비가 오거나 눈이 오거나 모진 바람이 부는 날에도 새벽 기도회에 빠지는 일이 없었다. 새벽마다 오 장로님의 지팡이 노릇을 하면서 나는 기도회에 다녔다.

허기진 나날

배가 고팠다. 배급으로 나오는 하루 식량은 보리쌀 두 홉에 쌀 두 홉이 전부였다. 부식비는 없었다. 맨밥에 간장으로 식사를 때웠는데, 간장도 그냥 솟아나는 것이 아니라 사서 먹어야 했다. 나는 배급 식량으로는 영양이 차지 않아 결국 영양실조에 걸리고 말았다. 얼굴은 누르스름하게 뜨고 퉁퉁 부어올랐다. 내가 앓고 있는 병이 부기를 더하게 했지만 영양 결핍은 더욱 몸을 상하게 했다. 몸 안팎으로 멍이 들었다. 밖으로는 병에 멍들고 안으로는 영양실조로 멍들었다.

배가 고프니 눈에 먹는 것밖에 보이지 않았다. 하루는 바닷가로 나가 먹을 것을 찾다가 돌에 낀 청태와 김을 뜯어 먹었다. 맛으로 먹는 것이 아니라 허기를 채우기 위해 손에 잡히는 대로 뜯어 입에 넣었다.

집으로 돌아오니 목이 타는 듯 말라왔다. 그래서 물을 꿀꺽꿀꺽 마셨는데, 밤에 자려고 누웠더니 배 안에서 꾸르륵꾸르륵 소리가 났다. 배가 뒤끓고 설사까지 났다. 그날은 밤새껏 뒷간에 들락거리느라 한숨도 자지 못했다.

하루하루 사는 것이 너무 힘들었다. 돈도 없고 배도 고프고 앞으로 어떻게 살아갈 수 있을까 걱정이 앞섰다. 병은 더욱 악화되는 것만 같았다. 코가 막히고 코피가 터졌다. 얼굴은 부어올라 눈을 떴는지 감았는지 모를 정도였다. 머리카락도 거의 빠지고 없었다. 거울을 보니 내 얼굴이 마치 사람이 아닌 괴물 같았다.

'이제 내게 희망이 없는 것이 아닐까?'

팔다리에는 신경통이 왔다. 손발이 오그라들고 통증으로 몸을 움직일 수가 없었다. 영양실조에 걸린 데다 독한 약을 먹으니 몸을 지탱하기가 힘들었다. 결국 죽는 것은 아닐지 두려움이 몰려왔고 하루하루 허기와 정신적 압박감에 내 생명이 단축되어 가고 있는 것 같았다.

성실 중·고등 성경학교

소록도 안에는 약 150명 정도의 젊은이들이 살았다. 내 또래 아이들이 나처럼 어렵게 병마와 배고픔에 맞서 싸우고 있는 것이었다. 집행부에서 중·고등부 성경학교를 열고 중학교와 고등학교에 가지 못한 우리들을 위해 교과 과정을 가르쳤다. 참으로 다행스러운 일이었다.

1962년 3월, 나는 중학 과정에 입학했다. 학교는 종합운동장 건너편에 있었다. 일제강점기 때 지은 낡은 건물인데, 양철을 지붕에 덮어 놓아 시골 간이학교 같았다. 나와 같은 또래 아이들이 비슷한 형편의 삶을 살면서 함께 모여 공부하게 되니 조금은 위로가 되었다. 불행은 나 혼자만이 아니라는 생각이 들었기 때문이다. 또래들과 공부하며 놀 때만은 모든 시름과 걱정을 잊을 수 있었다. 쉬는 시간이 되면 도로를 건너 종합운동장에 내려가 힘차게 뛰어다니며 축구도 했다. 이때만큼은 아픔도, 불행도 모두 잊을 수 있었다.

우리를 가르치는 선생님들은 모두 훌륭한 분들이었다. 사회에서 교사 생활을 하신 분들도 있고, 건강한 사람으로 있을 때 꽤 명성을 떨친 장관이나 저명인사도 있었다. 선생님들은 각자의 전문 분야에 따라 과목을 맡아 우리를 헌신적으로 가르쳤다. 어쩌면 자신들의 옛날을 생각하며 더 열심을 냈는지도 모르겠다. 모든 성의를 다해 열정적으로 가르쳤고 학생들 역시 꿈에도 생각하지 못했던 중·고등학교 과정을 공부할 수 있었기에 용기를 갖고 향학열을 불태웠다.

그해 여름, 세계워크캠프단이 봉사 활동을 위해 소록도에 왔다. 그들은 자신들이 '세계대학생연합회'에 속해 있다고 말했다. 그들 가운데 경북대 영문과 출신 박영자 선생님은 다른 일행이 일정을 마치고 떠난 다음에도 혼자 남아 우리와 숙식을 같이 하면서 중학 과정에서 영어를 가르쳤다.

우리는 박 선생님을 몹시 좋아하고 존경했다. 선생님의 아름다운 박애 정신과 열의를 다해 가르치는 모습에서 희생과 봉사가 어떤 것인지를 알게 되었다. 박 선생님은 약 3년 동안 우리와 함께 지냈다. 덕분에 영어에 취미를 갖게 되어 열심히 공부했기에 지금도 많은 영어 단어를 기억하고 있다. 내겐 정말 고마운 분이다.

간혹 학생들 가운데 자살을 하는 경우가 있었다. 병이 악화되어 나을 기미가 보이지 않자 절망 끝에 스스로 목숨을 끊고 삶을 포기하는 것이다. 그러나 그즈음 나는 희망을 버리지 않았다. 오 장로님과 함께 날마다 새벽 기도회에도 빠지지 않고 나갔다. 수시로 허탈감과 무력함이 찾아왔지만, 그때마다 기도로 극복했다. 무엇보다 공부에 주력했는데, 열심히 배우면 나뿐만 아니라 여러 사람을 위해 쓰일 것이라고 확신했다.

집에 돌아와서도 늦은 밤까지 공부하다 잠들곤 했다. 학교가 끝나면 교회에 가서 오르간을 치기도 쳤다. 음악은 마음에 좋은 양식이 되었다. 이렇듯 공부와 오르간에 매달리면서 아픔과 배고픔의 괴로움에서 벗어나려고 애를 썼고 그러한 보람으로 내 머릿속에는 지식의 보화가 차곡차곡 쌓여 갔다.

소록도의 나이팅게일

9월이었다. 아직 더위가 완전히 가시지 않은 늦여름이라 대낮은 극성스럽게 더웠다.

어느 날, 수녀님 두 분이 우리 학교에 찾아왔다. 눈이 파랗고 머리가 금발인 서양 사람을 처음 만나게 된 나는 두 분을 넋을 잃고 바라보았다. 그들은 오스트리아 사람이었는데, 나는 그들이 선교사로 온 것이라 생각했다. 선생님이 학생들에게 두 수녀님을 소개했다.

"이번에 여러분들을 특별히 치료해 주기 위해 오신 분들입니다. 한 분은 마리안느 수녀님이고 이쪽은 마가렛 수녀님이십니다.”

두 수녀님은 학생들 앞에서 상냥한 미소를 지으며 서툰 한국말로 인사를 했다.

“안녕하십니까? 마리안느 수녀입니다.”

“안녕하세요. 마가렛 수녀입니다. 치료실 본관에 아동 치료실을 만들어 두었어요. 여러분, 언제든지 찾아오십시오.”

반가운 일이었다. 이제는 환자들을 아무렇게나 대하며 치료하던 환자 간호사들을 상대하지 않아도 되었다. 꼭 천사를 만난 듯 기뻤다.

다음 날 수업이 끝나자마자 곧장 수녀님들이 계신 아동 치료실로 달려갔다. 벌써 다른 학생들이 모여들어 줄을 서서 차례를 기다리고 있었다. 수녀님들은 부드럽고 깨끗한 손에 장갑도 끼지 않은 채 우리의 상처를 만지며 치료해 주었다.

내 차례가 되었다. 나는 다른 학생들보다 병세가 더 악화된 상태였다. 마리안느 수녀님은 내 몸을 유심히 관찰했다. 무릎이 곪아 있었다. 수녀님이 부드럽고 가녀린 손으로 환부를 짜내자 누런 액체가 흘러나왔다. 수녀님은 상처 부위를 약솜으로 닦고 약을 발랐다. 그러고는 얼굴 이곳저곳을 만지며 자세히 살핀 뒤, 팔에서 약간의 피를 뽑아 유리 대롱 안에 넣었다.

‘학생은 내일 다시 오십시오. 피를 검사해야 합니다.’

내가 겁먹은 표정을 짓자 수녀님이 상냥하게 웃으며 나를 바라보았다. 집으로 돌아오며 나는 이렇게 생각했다.

‘하나님! 감사합니다. 좋은 분들을 보내 주셔서 정말 감사합니다.’

이튿날도 학교 공부가 끝나자마자 치료실로 찾아갔다. 나보다 먼저 온

학생들이 꽤 많았다. 내 차례가 되어 마리안느 수녀님 앞에 가서 섰다. 수녀님은 카드를 만들어 건네주면서 긴장된 얼굴로 나를 바라보더니 곧 입을 열어 이렇게 말했다.

"학생은 약물에 중독되어 있어요. 약을 너무 많이 먹었기 때문에 병이 낫지 않고 더 악화된 것입니다."

순간 눈앞이 캄캄했다. 그동안 약을 많이 먹으면 빨리 낫는 줄만 알고 독한 100밀리그램 디디에스를 하루에 한두 개씩 먹어 왔던 것이다. 영양실조인 몸에 독한 약만 과잉 복용했으니 약물 중독이 될 수밖에 없었다. 수녀님은 계속 약을 과잉 복용하면 결국 목숨을 잃게 된다고 말했다.

수녀님은 내가 측은했던지 살살 달래며 말을 이었다.

"학생, 이제부터는 내가 시키는 대로만 해요. 이곳에서 주는 약 외에는 일체 먹어서는 안 돼요. 알겠어요?"

"예!"

"자, 이 약 받아 가시고, 일주일 뒤에 다시 오세요."

수녀님은 약 100밀리그램짜리 알약 4분의 1과 2주일치의 영양제를 처방해 주었다. 약을 받고 돌아오면서 은근히 걱정이 되었다. 하루에 한두 알 먹던 약을 일주일에 한 알의 4분의 1만 먹게 되니 양으로 따지면 엄청나게 줄어들었기 때문이다. 과연 이것만 먹고도 나을 수 있을까? 나는 걱정하면서도 수녀님이 시키는 대로 따랐다. 일주일에 한 번씩 치료실을 찾았고 수녀님이 처방해 주는 약만 먹었다.

두 달이 지났을 즈음부터 몸에 현저한 변화가 일어나고 있는 것이 느껴졌다. 꽉 막혔던 코가 뚫렸다. 더 이상 코피도 나지 않았고, 무겁고 지끈지끈하던 머리가 가벼워지면서 두통도 싹 가셨다. 치료실에 들어설 때마다 수녀님이 반갑게 나를 맞아 주었고 내 얼굴에서부터 몸 전체를 진찰하면서 이렇게 말하곤 했다.

"병이 조금씩 낫고 있어요."

그러고는 가끔 초콜릿도 하나 건네며 마치 자신의 병이 낫는 것처럼 기뻐해 주었다.

넉 달이 지나자 얼굴에 부기가 빠지고 본래의 얼굴로 거의 되돌아왔다. 팔꿈치 상처도 아물기 시작했고 발걸음도 가벼워졌다. 그 뒤 여섯 달이 지났을 때, 수녀님은 다시 내 혈관의 피를 뽑아 반응 검사를 했다. +2의 검진 결과가 나왔다. 처음 소록도에 와서 검사했을 때 +4였는데, 이제 +2가 되었으니 병균이 절반쯤 줄었다는 결과였다. 수녀님은 그 뒤 약 처방을 일주일에 50밀리그램으로 올려 주었다. 그러자 아무 부작용 없이 몸의 균형이 잘 잡히고 좋아졌다. 그제야 내 병이 낫는다는 확신이 생겼고 너무나 기뻤다.

'하나님, 감사합니다. 수녀님, 감사합니다.'

새벽마다 제일 먼저 하나님께 감사드렸고, 병을 완치해 달라고 간절히 기도했다. 날이 갈수록 내 몸은 눈에 띄게 좋아졌다. 그 지독한 나균이 내 몸속에서 멸균되고 있는 것이었다. 나보다 내 치료를 담당하고 있는 수녀님이 더 기뻐했다.

"함께 치료받은 150명 가운데 명남이 학생이 제일 치료가 잘 되고 있어요."

수녀님은 매우 친절하고 적극적이었다. 간혹 내가 몸이 불편해서 학교나 치료실에 못 가면 일부러 집에까지 찾아와 약을 전해 주었다. 나는 그 따뜻한 마음에 눈물이 났다. 누가 나를 이렇게 위해 주며 병 치료에 적극적일 수 있을까? 나는 수녀님에게서 부모 형제보다도 더 친근감을 느꼈고 고마웠다. 수녀님을 바라보면서 늘 입버릇처럼 말하곤 했다.

"수녀님, 참 감사합니다."

그럴 때마다 수녀님의 대답은 한결같았다.

"하나님께 감사하세요."

학교에서 소풍을 갔을 때도 수녀님은 그곳까지 따라와 약을 주었다. 혹시라도 내가 약 먹는 걸 잊을까 봐 약 먹는 시간을 지켜 약을 주었고, 시간을 어기면 안 된다고 신신당부했다. 이렇게 따뜻하게 나를 보살피며 병을 고쳐 주려 애쓰는 수녀님이 꼭 누님 같고 고모 같았다. 두 분 수녀님을 대할 때마다 괜히 응석을 부리고 싶어지기도 했다. 한번은 머리가 아프지도 않으면서 꾀병을 내어 "머리가 아파요" 하고 어리광을 부렸더니, 수녀님이 머리를 짚어 보고 체온기로 열을 잰 뒤 피식 웃으며 말했다.

"약 말고 다른 게 먹고 싶은 모양이네요."

그러고는 초콜릿을 건네주며 이렇게 말했다.

"이걸 먹으면 나을 거예요."

갑자기 감기에 걸리거나 소화불량일 때도 으레 치료실을 찾았는데, 수녀님들은 인상 한 번 쓰지 않고 늘 웃으며 반겨 주었다. 두 분의 따뜻한 보살핌 덕분에 나는 고생하지 않고 병이 차츰 나아졌다. 두 분은 인간 세상에서 흔히 볼 수 있는 보통 사람이 아니라 분명 날개 없는 천사였다.

크림 전쟁 때 백의의 천사 나이팅게일은 포탄이 쏟아지는 전쟁터, 남성들만 득실거리는 살벌한 전장에서 부상병들을 헌신적으로 간호했다고 한다. 두 분 수녀님은 소록도의 나이팅게일이었다. 두 분이 온 뒤로 소록도는 나날이 달라져 갔다. 150명 청소년들의 병세가 날로 호전되었고, 학교에 가면 전에는 느끼지 못했던 분위기가 느껴졌다. 학교 전체에 생기가 돌았고, 학생들의 얼굴에는 의욕이 넘쳤다. 나도 더욱 열심히 공부했는데, 그것만이 나를 위해 희생하고 봉사하는 분들에 대한 보답이라고 생각했기 때문이다. 그 결과 전교 1등도 여러 번 했다.

조○○ 원장

1961년 5월 16일, 조○○ 원장이 부임했다. 예비역 육군 대령이었던 그는 병원과 소록도 전역을 군대식으로 통솔했다. 교회도 원장의 방침대로 운영될 수밖에 없었다. 조 원장이 부임하기 전에는 일곱 개 부락에 각각 예배당이 있어 평소 새벽 기도회를 비롯한 수요일 밤 예배는 가까운 교회에 모여서 드렸다. 그러나 군인 원장이 오자 각 부락의 예배당은 병원 소유가 되었고, 공회당에서 연합으로 모여 예배를 드리게 되었다. 공회당은 여러 부락의 가운데쯤인 동산 위에 있어서 새벽마다 그 멀리까지 가는 것은 쉽지 않은 일이었다.

1962년 1월 9일에 원장은 장로 10명, 집사 14명, 권찰 11명, 주일학교 반사 9명, 원입 교인 4명, 합해서 48명을 전주 소생원으로 추방시켰다. 그리고 열흘쯤 뒤인 1월 17일에는 앞서 추방된 사람들의 남은 가족들과 다른 사람들 83명을 또 추방시켰다. 조 원장의 정책으로 인해 교회는 상당히 약화된 느낌이었다.

원장은 학생들에게 축구 시합을 자주 시켰다. 시합을 준비하기 위해서는 연습이 필요했기에 우리는 날마다 방과 후에 모여 축구 연습에 몰두했다. 원장은 군인이라서 몸집이 좋은 데다 체육에 취미가 있는 듯 보였다. 돌이켜 생각해 보면 어쩌면 원장 자신이 건강하고 힘이 있었기 때문에 우리 환우들에게도 그런 활기찬 생활을 강요했는지도 모르겠다.

원장은 일곱 개 부락의 장정들을 동원해 축구 연습을 시킨 뒤 부락 대항 축구대회를 열었다. 각 부락에서 공을 잘 차는 선수들을 따로 선발해 소록도 대표팀을 구성하기도 했다. 이는 전라남도 내 체육대회에 소록도 대표 팀을 출전시켜 소록도의 인상을 좋게 하려는 것이었다. 소록도 설립 50주년 기념행사도 성대하게 치러졌다. 그날은 사회 저명인사들도 많이 참석했는데, 나는 그날 악기부에서 클라리넷을 불었다. 그동안 배우고 익힌 실력을 발휘한 셈이었다.

오마도(五馬島) 간척공사

1962년 6월, 김두영 목사님의 강력한 주도하에 일곱 개 마을에서 각각 하나씩, 일곱 개 교회가 동시에 신축 공사에 들어갔다. 전 교인들은 자발적으로 교회 신축 공사에 참여했다. 그런데 때마침 원장이 오마도 간척공사를 시작하면서 일할 만한 환우들을 공사에 동원했다.

오마도 간척공사는 참으로 힘든 일이었다. 청년들과 학생들이 무리하게 작업 인부로 동원되었다. 다행히 나는 동원 대상에서 제외되었다. 어리다는 이유에서였던 것 같다. 이웃의 김철환 씨는 간척공사에 동원되었다가 병이 더욱 악화되었다. 그의 말에 의하면 공사 현장에서 흙을 나르고 돌 굴리는 일을 주로 하는데, 그 일이 너무 힘들어 건강한 사람도 해내기 어렵다고 했다. 그런데 나는 무엇 때문에 환자들이 그 공사에 동원되어야 하는지 알 수 없었다. 치료를 받아야 할 환자들을 공사 현장에 동원해 병을 더 악화시키는 것은 인권유린의 차원을 넘어 생명의 귀중함을 모르는 간악한 죄였다. 하지만 아무 힘이 없었던 우리는 원장의 말을 따를 수밖에 없었다.

비교적 건강한 사람은 모두 오마도 간척공사에 동원되었고, 교회당 건립은 노쇠하고 어린 사람들만이 참여하였다. 우여곡절을 거치면서도 결국 교회 건축은 성공적으로 이루어졌지만 많은 사람들을 혹사한 오마도 간척공사는 아무런 의미 없이 끝나고 말았다.

목사가 되고 싶다

드디어 중학교를 졸업했다. 한센병에 걸리면서 모든 삶을 포기하고 겨우 살아온 내가 중학 과정을 졸업하다니 꿈같은 일이었다. 돈 한 푼 없이 부모 형제나 친척의 뒷바라지도 없이 홀홀단신으로 여기까지 와서 중학 과정을 졸업하고 지성인의 대열에 들어갈 수 있게 되었으니 모든 것이 하나님의 은혜였다. 그러나 나는 중학 과정에 만족하지 않고 1966년 4월 고등 성경학교에 입학했다. 중학 과정을 공부하는 동안 배움에 대한 욕심이 생겼고, 나만의 작은 꿈도 갖게 되었기 때문이다.

나는 하나님의 놀라운 은혜, 그리스도의 사랑을 전하는 전도사가 되고 싶었다. 복음의 일꾼이 되어 세상 사람들에게 복음을 널리 전하고 싶었다. 그리스도를 거역했던 바울이 주님의 부르심을 받고 사도로 세움을 입

어 그리스도의 놀라운 사랑만을 전했던 것처럼 나도 그리스도의 사랑을
전하고 싶었다.

고등 과정에 입학한 뒤 나는 누구보다 열심히 공부했다. 성경도 부지
런히 읽었다. 다른 학생들도 병이 차차 나아가니 희망에 부풀어 있었다.
벌써 다 나아서 퇴원해 소록도를 떠난 사람도 생겼다. 그 즈음 다시 검사
를 받았는데 결과가 +1이었다. 완치까지는 조금밖에 남지 않았던 것이
다. 내 몸에서 반점이 사라진 지는 이미 오래였다.

검고 윤기 없던 피부에 윤기가 돌면서 피부는 차츰 희어졌다. 죽은 것
같던 겨울나무에 따뜻한 봄바람이 불자 움이 돋고 잎이 피며 물이 오르듯
내 몸은 소생하고 있었다. 내가 거울로 얼굴을 보아도 달라 보였다. 신기
한 일이었다. 날마다 거울을 들여다보며 하루하루 좋아지는 모습에 기뻐
했다.

한센병에 걸리면 먼저 피부가 거칠고 검어진다. 피부 색깔이 검게 변
하면서 감각이 마비되는 것이다. 땀구멍이 막히며 피부가 뿌옇고 보기 흉
해진다. 나도 그랬다. 그러던 내가 몸에서 땀이 나고 피부색이 희어지고
부드러워지고 깨끗해지고 있었다. 나의 병은 분명히 낫고 있었다. 덩실덩
실 춤이라도 추면서 기쁨을 맘껏 터뜨리고 싶었다.

음성으로 판명되다

1967년 5월 20일은 나의 일생 중 가장 기쁜 날이다. 두 번째로 세상에
태어난 날이라고도 말할 수 있다. 조직 검사에서 음성으로 판명된 것이

다. 믿을 수 없는 기적 같은 일이었다. 나균이 내 몸속에서 전부 죽어 버렸다. 그토록 나를 괴롭히고 아픔과 불면의 밤을 주던 한센병이 내게서 떠났다. 나와 부모 형제를 절망으로 멍들게 한 무서운 한센병이 아니던가!

옆에서 검사 결과를 보고 있던 수녀님들은 함께 기뻐하며 내 손을 꼭 잡아 주었다.

"명남이 학생, 축하해요!"

"감사합니다. 수녀님들이 따뜻한 사랑과 친절과 끈기로 치료해 주신 결과입니다."

너무 감격스러워 울음이 왈칵 나왔다. 수녀님들의 눈에도 뜨거운 눈물이 고여 있었다. 나는 두 눈을 감고 마음속으로 하나님께 부르짖었다.

'오 하나님! 감사합니다. 보잘것없는 저의 기도를 들어 응답해 주셨으니 무엇으로 이 은혜를 보답하리이까?'

그날 밤, 홀로 교회에 가 하나님께 감사 기도를 드렸다. 오랜 시간 엎드려 기도한 뒤 돌아와 자리에 누웠지만 잠이 오지 않았다. 가슴이 울렁이고 갖가지 생각이 들면서 마음이 들떠 잠을 이룰 수가 없었다. 자리에서 일어나 다시 거울을 들여다보았다. 그런데 빠진 눈썹만은 새로 돋아날 기미가 보이지 않았다. 눈썹만 새로 돋으면 정상인데 안타까웠다. 검은 연필로 살짝 눈썹을 그려 보았지만 잘 그려지지 않았다. 설령 여자들이 화장할 때 쓰는 눈썹연필로 눈썹을 그린들 그것은 한센병 환자에게는 소용없는 일이었다.

그 뒤 일 년이 지났다. 머리털은 새로 나서 자랐는데 눈썹만은 여전히 나지 않았다. 나는 눈썹이 영영 날 것 같지 않다는 생각에 또다시 낙심했다. 한센병을 앓은 이 기막힌 흔적은 끝내 지워지지 않는 것일까? 어떻게 정상적인 사회인이 될 수 있을 것인가? 더욱이 전도사나 목사로 어떻게 대중 앞에 나설 수 있을까? 아무리 생각해도 용기가 나지 않았다.

하지만 나는 고등 성경학교 공부를 무사히 끝까지 마쳤다. 지금까지 하나님께서 인도해 주셨으니 앞으로도 의의 길로 인도하여 주시리라 믿었다. 그리고 나는 퇴원 수속을 밟았다. 더 이상 소록도에 머물러 있을 이유가 없었다. 이제는 떠나야 했다. 새 삶을 향해 희망찬 날개를 마음껏 펼쳐 보고 싶었다.

3. 새로운 출발

소록도여, 안녕

1968년 9월 어느 날, 나는 간단한 봇짐을 쌌다. 드디어 소록도를 떠나게 된 것이다. 먼저 두 수녀님을 찾아가 인사를 드렸다. 나를 극진히 치료해 주신 고마운 분들에게 깊이 머리 숙여 감사했다. 두 분 수녀님은 기뻐하는 한편 나와의 이별을 아쉬워했다.

김두영 목사님과 장로님들에게도 인사를 올렸다. 나를 친아들처럼 사랑하고 위해 주시던 오근옥 장로님은 몇 해 전에 이미 세상을 떠나고 계시지 않았다. 그야말로 인생무상이었다. 만나면 헤어지는 것이 인생이었다. 8년 동안 살았던 소록도 구석구석에 나의 체취와 흔적이 남아 있는 듯했다. 정든 사람들에게 가벼운 인사를 남기고 작은 보따리 하나 들고 소록도를 떠났다.

"부디 건강하게 잘 살아라!"

나는 이웃 사람들의 따뜻한 전송을 받으며 부두에 나왔다. 바람이 일고 있었다. 짠 바닷바람이 코를 간지럽게 했다. 맑게 갠 초가을 날씨는 마음을 들뜨게 했다. 내가 타고 갈 배가 들어오자 천천히 몸을 실었다. 이윽고 떠나가는 배 위에서 소록도를 바라보았다.

소록도는 점점 멀어지고 녹동이 가까워 왔다. 소록도에서 살 때 밤마다 녹동의 불빛을 바라보며 이쪽 세상을 그리워했다. 그 그리움의 대상이 드디어 현실로 눈앞에 나타나고 있었다. 다시는 이쪽 세상으로 돌아올 수 없을 줄만 알았는데…….

녹동 항구에 닿았을 때 배에서 내려 다시 한 번 소록도를 바라보았다. 사람의 그림자는 보이지 않고 목이 긴 사슴 한 마리가 앞다리와 뒷다리를 쭉 뻗고 있는 듯한 섬 하나만 눈에 들어왔다. 그곳에서 지낸 지난 8년 동안의 일들이 주마등처럼 스쳐 지나갔다. 이제는 정상인의 몸이니 훨훨 나는 새들처럼 나도 어디로든 자유롭게 날 수 있으리라.

'소록도여, 안녕!'

미련 없이 돌아서서 버스 정류장으로 향했다. 순천행 버스를 탔다. 아무도 나를 손가락질하거나 외면하지 않았다. 나를 보고 찡그리는 사람도 없었다. 예전의 추한 냄새와 흉측스러운 모습에서 완전히 달라진 원래의 모습으로 돌아온 것이다.

'하나님 감사합니다.'

버스는 달렸다. 먼지를 일으키며 쌩쌩 달렸다. 이제 고향으로 돌아가는 것이다. 순천에서 기차를 타고 대전에 와서 다시 버스를 갈아타고 고향으로 향했다. 8년 전 고향을 떠날 때는 사람들의 눈을 피해 밤차를 탔지만 이제는 그럴 필요가 없었다. 그때는 햇빛이 싫었고, 밝은 것이 두려 웠지만 병이 다 나은 후에는 결코 해가 두렵지 않았다.

그리운 내 고향

고향이 가까워질수록 가슴이 더욱 설레었다. 가족들은 무사히 지내고 있을까? 어린 시절 부지런히 뛰어다니던 학교가 보였다. 4학년까지 다니 다가 그만둔 학교였지만 반가웠다. 철없이 뛰놀던 운동장이 눈에 들어오 니 다시 그 시절로 돌아가 뛰고 싶었다.

버스가 멈췄다. 자리에서 일어나 차에서 내렸다. 그리운 고향 집 대문 앞에 서니 기분이 묘했다. 안으로 들어가자 반가운 얼굴들이 보였다. 시 집간 고모는 어떤 분을 신랑으로 맞았을지도 궁금했다.

죽은 줄만 알았던 명남이가 병이 다 나아 돌아왔다는 소문은 금방 작은 동네에 퍼졌다. 긴가민가하여 이웃 사람들이 하나 둘 집으로 찾아왔다. 어느 아저씨는 신기한 듯 내게 물었다.

"네가 분명히 산골짜기 움막에 살던 애가 맞냐?"

"예, 아저씨! 맞습니다."

"참 용하구나!"

그러나 모여든 사람들 가운데에는 여전히 나를 경계하는 사람도 있었 다. 눈썹이 없었기 때문이다. 어떤 이는 같은 동네에 사는 친척이 죽었다 가 살아온 듯 나를 반가워하며 식사에 초대하기도 했다.

주일이 되었다. 그러나 우리 동네에는 교회가 없었다. 하나님께 조용히 기도하고 싶었지만 마땅한 장소도 없었다. 게다가 이제는 나도 일자리를 구해야 했다. 고향에 돌아온 것이 좋아 소년처럼 기쁘고 가슴도 뛰었지만, 더 이상 나는 산과 들을 무작정 쏘다니며 철없이 뛰놀던 어린아이가 아니었다. 자발적으로 생활을 꾸려 가야 할 청년이었다. 일자리가 필요했지만 구할 길이 없어 막막하고 답답할 뿐이었다.

몇 달이 지났을 때 다행히 내 딱한 사정을 알게 된 어떤 목사님에게서 연락이 왔다. C농장에 가 보라는 것이었다. 그러면서 목사님은 내게 김달천 장로님을 소개했고 나는 또 다시 고향을 떠나야만 했다.

음성인이 살 곳은 어디인가

인간의 질병은 헤아릴 수 없이 많다. 고혈압, 암, 폐결핵, 간염 등 온갖 위험한 병들이 있다. 그러나 이런 위험한 병을 가진 환자들도 치료를 받고 병이 낫기만 하면 언제 그런 병을 앓았냐는 듯 일반인과 똑같이 활기차게 인생을 살아갈 수 있다. 과거에 그와 같은 병을 앓았다고 차별 대우를 받진 않는다.

그런데 한센병만은 다르다. 병이 다 나아도 환자 딱지를 떼지 못하고 여전히 '음성인(陰性人 : 몸속 병균이 소멸되어 없어진 사람을 의미한다)'이라는 꼬리표가 붙어 다니니 참으로 원통한 일이다. 왜 그런 걸까? 어찌하여 다른 병은 나으면 그만인데 유독 한센병만은 다 나았는데도 환자 취급을 받는 걸까? 이 억울한 심정을 누구에게 하소연할 수 있단 말인가?

음성인들은 대부분 사회 복귀가 어려워 같은 음성인들끼리 모여 부락을 이루고 살아간다. 그것이 정착촌이다. 그들의 생활 터전인 정착촌은 대개 산속 후미진 곳이 아니면 교통이 불편한 곳이다.

그들은 땅을 파고 씨를 뿌리는 농사 일이나 양계, 양돈으로 자립하여 살아간다. 사회는 음성인을 용납하지 않으며 가까이하기를 꺼린다. 그래서 음성인이 살 곳이 없다. 사회가 용납하지 않으니 울며 겨자 먹기로 그들끼리 산속에 정착해서 살 수밖에 없다.

목사님에게 소개받은 C농장 역시 음성인들이 모여 사는 정착촌이었다. 나는 C농장으로 갈 것을 결심했다. 아무런 자립 기금이 없었기에 간단한 옷가지만 챙겨 맨손으로 집을 나온 나는 대전으로 가서 부산행 열차를 탔다.

C농장

11월도 하순으로 접어들고 있었다. 부산역에 내려 C동으로 가는 버스를 타고 종점에 내렸다. 농장까지 가려면 5리가 되는 길을 걸어야만 했다. 굽이굽이 도는 산길이었다. 간혹 차가 지나가기도 했다. 모퉁이길 산 중턱에 서니 '부산국립병원'이라는 간판이 보였다. 먼저 그곳에 들러 이야기를 하고 마을로 내려갔다.

김 장로님은 바쁜 가운데서도 나를 친절하게 맞아 주셨다. 11월 20일, 나는 C농장에 입소했다. 그곳에서 소록도에 있을 때 한방에서 지냈던 친구를 만나 그의 인도로 상애교회에도 등록했다.

소록도를 떠나올 때 나는 큰 기대와 꿈에 부풀어 있었다. 하지만 C농장의 상애원에 와서 며칠 밤을 지내는 동안 그 꿈은 산산이 부서지고 말았다. 또다시 음성인들끼리 격리되어 생활해야 하는 현실이 너무나 서러웠다.

C농장 사람들은 모두 건강하게 지내며 불평 없이 열심히 일하고 있었다. 하지만 꿈과 기대가 어긋나 버린 내게는 또다시 좌절감이 몰려왔다. 열심히 살고 싶은 열기가 식어 갔다. 그곳을 벗어나고 싶었지만 마땅히 갈 곳이 없었다.

그러던 어느 날 상애교회 숙직실에서 장로님 몇 분과 함께 잠을 자게 되었다. 다음 날 새벽, 장로님들을 따라 새벽 기도회에 참석한 나는 하나님께 기도하면서 내 모습을 생각하고는 한없이 울었다. 기도를 마치고 나오는데 한쪽 다리가 없는 불구의 몸인 이성곤 장로님이 나를 불렀다.

"여보게! 아침식사 할 곳이 없으면 우리 집에 가서 함께 먹지 않겠나?"

정말 고마운 일이었으나 식사할 곳이 없는 것은 아니었다. 친구가 집에서 아침밥을 해 놓고 기다리고 있었다. 하지만 장로님의 뜨거운 사랑을 뿌리칠 수가 없었다.

"장로님, 감사합니다."

장로님의 따뜻한 마음 씀씀이에 감사하면서 댁으로 따라 들어갔다. 장로님 부인이 아침상을 차려 들여왔다. 소찬이었지만 마침 시장했던 터라 감사할 뿐이었다. 그래서였을까? 그날 아침 밥맛은 정말 꿀맛이었다. 일찍이 맛보지 못한 진미를 맛보는 것 같았다. 꽁보리밥에 된장찌개 하나였는데도 장로님의 따뜻한 인정이 담겨 있어서 그런지 밥맛이 좋았다.

당시 권사님이셨던 장로님 부인은 여전도회 회장이기도 했다. 금년이 14년째라고 했다. 권사님은 평소 시력이 좋지 않았고 손도 아파 운신이 자유롭지 못했기에 밥만 겨우 짓는 형편이었다. 식사를 마치자 이 장로님은 내게 넌지시 물었다.

"낯선 곳에 와서 아직 일자리가 마련되지 않은 것 같은데, 우리 양계장 일을 돕지 않겠나?"

안 그래도 막막하고 답답하기만 했던 처지였는데 당분간이라도 일할 수 있는 일터가 생긴다니 마음이 한결 가벼웠다.

"좋습니다. 장로님 일을 돕겠습니다."

"고맙네!"

그날부터 바로 장로님 댁에서 일하게 되었다. 장로님과 권사님은 내게 친절하게 대해 주셨다. 그러나 양계장 일은 생각보다 고되었다. 나는 무거운 사료 부대를 들고 와서 풀고 반죽하여 닭들에게 골고루 나눠 주고 계란을 거두어들였다. 힘들게 하루 일을 마친 뒤에는 또 밭에서 일하기도 했다. 몸은 고달프고 마음은 괴로웠다. 한때 전도사나 목회자가 되겠다는 큰 꿈을 품고 공부도 열심히 했건만, 지금은 닭 냄새를 맡으며 남의 집 일이나 도우고 있는 내 신세가 처량했다. 하루는 권사님이 우울하게 있는 나를 걱정하며 내 손을 잡고 말했다.

"이 선생! 낙심하지 마시게. 아직은 젊으니까 얼마든지 꿈을 펼 때가 올 것이 아니겠나?"

"예, 고맙습니다."

권사님은 나를 위해 진심으로 기도해 주셨다. 그럴 때면 마음이 한결 평안해지면서 희망을 가질 수 있었다. 이성곤 장로님은 언제나 같은 말을 하셨다.

"하나님께 모든 것을 맡기게. 그리고 새로 시작하는 마음으로 살아가는 거야. 용기를 잃지 말게."

장로님의 위로도 약간의 힘이 되었다. 나는 전보다 교회생활에 더욱 힘썼다. 교회 봉사도 열심히 했다. 교회에서는 오르간 반주를 했는데, 소록도에서 취미로 배운 것을 이곳에서 유용하게 사용한 것이었다. 성가대에도 참여했던 나는 대원들과 함께 연습하면서 자연스레 교제를 가졌다. 그러는 동안 차츰 C농장에 정들어 갔다.

하늘의 별을 딴 사나이

1972년 봄, 내 마음은 한곳으로 기울어져 균형을 잡지 못했다. 교회에서 어여쁜 아가씨를 본 다음부터였다. 성가대 자리는 모든 교인들을 볼 수 있는 곳에 있었는데, 주일마다 오르간 반주를 하면서 나는 교인들을 두루 살펴보곤 했다. 어느 날 유독 한 얼굴이 내 눈에 띄었고 장미처럼 아름다운 모습이 나의 눈 속으로 성큼 달려들었다. 나는 그 뒤부터 그녀를 바라보거나 떠올릴 때마다 가슴이 쿵쿵 뛰었다.

그러나 현실을 냉정히 생각하면 내 꿈은 헛된 것이었다. 그녀는 내가 바라볼 수 없는 높은 곳에 있었다. 내 손이 도저히 닿을 수 없는 먼 곳에 있는 신기루였다. 그녀는 건강한 일반인이요, 아름다웠다. 반면 나는 가진 것 하나 없는 음성인이었다. 아무리 견주어 봐도 그녀는 나와 비교가 안 되는 상대였다.

그런데 내 마음은 왜 이토록 설레는지, 왜 그녀만을 생각하는 것인지, 집에 돌아와서도 일할 때도 그녀의 얼굴이 자꾸만 떠올랐다. 어느새 그녀는 내 마음속 깊은 곳에 자리 잡았다. 내 머릿속은 다른 생각은 비집고 들어올 틈이 없을 정도로 그녀 생각으로만 가득 차 있었다.

교회에 가서 예배에 참석할 때도 내 마음은 그녀 쪽으로만 기울어져 있어서 예배가 정성스럽게 드려지지 않았다. 이러면 안 된다고 스스로 마음을 다잡으려 해도 소용없었다. 나는 하나님께 기도했다.

"하나님, 어쩌면 좋겠습니까? 저는 지금 불가능한 것을 생각하고 있고, 불가능하기 때문에 하나님 아버지께 간구하옵니다. 그녀와의 결혼이 성사되게 하옵소서."

길을 가다가 우연히 그녀와 마주칠 때가 있었다. 그럴 때는 마치 나쁜 짓을 하다가 들킨 아이가 어머니의 얼굴을 똑바로 바라보지 못하는 것처럼 무안하고 부끄러웠다.

날이 갈수록 그녀와 결혼하고 싶은 마음은 굳어지고 있었고 결국 나는 어떤 일이 있어도 그녀와 결혼해야겠다고 마음을 단단히 다졌다. 용기를 내어 주위의 아는 사람을 통해 그녀를 소개해 달라고 부탁했다. 당연히 그녀의 부모는 적극적으로 반대했다.

그런데 하나님께서 나의 간절한 기도를 들어주신 것이었을까. 그녀의 마음이 움직인 듯 뜻밖의 반응이 왔다.

"이 선생님이 신앙심만 좋다면 결혼할 수도 있습니다."

물론 결혼은 부모와 하는 것이 아니고 본인들이 하는 것이다. 그녀의 대답이 긍정적인 것을 확인한 뒤 나는 그녀에게 적극적으로 나섰다. 그녀와 나 사이에서 담임 목사님이 많은 역할을 하셨다. 내가 그녀와 결혼할 수 있도록 중매 역할을 잘해 주신 것이다.

1972년 5월 22일, 드디어 담임 목사님의 주례로 교회에서 결혼식을 올렸다. 많은 성도들의 축복을 받으며 사랑하는 그녀와 부부가 된 것이다. 하나님의 섭리요, 나에게는 무한한 축복이었으며 기적과도 같은 일이었다. 전혀 생각지도 못했던 불가능한 일이 성사되었던 것이다.

밤하늘에 반짝이는 푸른 별이 탐나서 밤마다 장대를 휘두르다 별을 딴 소년처럼 멀리서만 바라보던 꿈같은 일이 내 눈앞에서 현실로 이루어졌다. 결국 나는 하늘의 별을 딴 셈이었다. 아내와의 결혼은 놀라운 일이요, 평생 잊어서는 안 될 일이었다.

우리는 경주로 신혼여행을 떠났다. 불국사에 들러 옛 조상들의 정기와 얼이 살아 움직이는 감동의 현장인 고적지를 둘러보았다. 대구 달성공원에도 들렀다. 하지만 나는 여러 가지 풍경과 진귀한 동물 구경거리보다 바로 내 옆에서 나의 손을 잡고 걷고 있는 아내의 모습에 기뻐서 어쩔 줄을 몰랐다.

그때 나는 오늘의 행복과 기쁨을 주시려고 그동안 하나님께서 내게 수많은 고난과 어려움을 주셨는지도 모른다는 생각이 들었다. 사람은 늘 불행한 것만도 아니요, 언제나 행복한 것만도 아닐 것이다. 그때 나는 하나님께서 나에게 주신 이 행복을 어떤 일이 있어도 놓치지 않으리라고 마음을 굳게 먹었다.

4. 행복과 고난의 쌍곡선

가난한 신혼생활

두 평 남짓한 조그만 방 한 칸을 사글세로 얻어 신혼 보금자리를 꾸몄다. 가장 행복해야 할 이 시기에 가난은 우리의 행복을 야금야금 갉아먹는 좀이었다.

당시 국가에서 영세민들에게 지원하는 식량은 너무나 적었다. 입에 겨우 풀칠할 정도일 뿐 배불리 먹을 수 있는 양이 못 되었다. 마을 주민들은 노동을 해서 모자라는 부분을 충당했다. 일찌감치 자리를 잡고 축산업을 크게 하는 사람들은 생활이 넉넉했지만, 몸이 허약한 사람들은 양계나 양돈 일도 힘에 부쳐 잘 못하기 때문에 생활의 여유가 없었다.

나 역시 처음부터 가진 것 없이 이곳에 와서 남의 일만 도우며 살아왔으니 생활이 말이 아니었다. 급기야 아내는 결혼 3개월 만에 반찬 장사로 나섰다. 참으로 딱한 일이었으나 도리가 없었다. 나도 가만히 있을 수가 없어 백방으로 직장을 알아보다가 마침 축산조합에 취직하게 되었다. 그러나 당장 넉넉한 월급을 받는 것은 아니었다. 처음에는 거의 봉사하는 생활이었다. 조금 받는 월급으로는 두 식구가 밥 먹고 살기에도 빠듯했다. 결국 아내는 결혼반지를 팔아야 했다.

꿈같이 달콤해야 할 신혼생활이 늘 우울하고 걱정스럽기만 했다. 아마 하나님께서는 인간의 육체적인 행복이 우리 자신에게 유익한 것이 아님을 알고 거두신 모양이었다. 하나님께서는 당신께 더욱 간구하고 가까워지라고 가난이라는 보이지 않는 훼방꾼을 주어 단련시키는 듯했다. 그즈음 새벽에 교회에 나가면 오랫동안 엎드려 기도하게 되었다.

"하나님! 어찌하여 저는 고통만 받아야 합니까? 육체적 고통, 정신적 고통, 경제적 고통을 견딜 수가 없습니다. 가난에서만이라도 벗어나게 해 주옵소서!"

1974년 12월, 아내가 첫애를 낳았다. 귀여운 딸이었다. 산모가 영양을 충분히 섭취하지 못해 아기는 약하게 태어났다. 그해 겨울은 몹시 추웠다. 딸아이가 감기에 걸려 좀처럼 낫지 않았다. 걱정하며 아이를 데리고 병원으로 갔다. 의사는 아이를 진찰한 뒤 입을 열었다.

"폐렴입니다. 왜 이렇게 될 때까지 있었어요?"

"감기 정도로만 알았습니다."

"감기가 만병의 원인이 된다는 것을 아셔야 됩니다."

딸아이는 큰 유리벽 안에서 특별 치료를 받았다. 그 안에서 치료를 받는 아이를 보고 나온 아내는 너무나 마음 아파했다. 아내는 발을 동동 구르며 울었다. 얼마나 울었던지 눈언저리가 퉁퉁 부어 있었다.

딸아이가 입원했던 일신기독병원의 간호부장은 매우 친절한 사람이었다. 그녀는 우리 부부가 C농장에서 온 것을 알고 각별히 대해 주었다. 독실한 그리스도인이었던 간호부장은 언젠가 간호사들을 데리고 우리 교회에 와서 특별 찬양을 한 적도 있었다.

그 간호부장의 도움으로 입원비도 상당한 혜택을 볼 수 있었다. 딸아이는 15일 동안 병원에서 치료받고 나서야 완쾌되어 웃는 얼굴로 퇴원했다. 이 첫아이가 '경'이다. 경이는 몸이 약한 편이기는 했지만 건강하고 예쁘게 잘 자랐다.

1976년에 둘째가 태어났다. 이때도 일신기독병원의 신세를 지게 되어 간호부장의 도움을 많이 받았다. 둘째는 아들이었는데 이름을 '석'이라고 지었다. 결혼한 지 4년 만에 하나님께서는 우리 가정에 자녀를 둘이나 주셨다. 혈혈단신으로 C농장으로 들어온 내가 세 사람의 가족을 갖게 되었으니 이 얼마나 놀라운 축복인가! 하나님께 또 한없는 감사를 드렸다.

아직도 남은 고난들

한센병의 지독한 병마를 이겨 내고 병이 완쾌되어 활동하는 음성인들은 그런 대로 자립하여 잘살고 있다. 부지런히 일하면 생활도 나아져 남에게 손벌리지 않고도 지정된 정착촌에서 자유롭게 살아간다. 건강한 사람들의 손을 빌리지 않고도 얼마든지 잘살 수 있다.

그런데 문제는, 한센병이 완치되었다 해서 모든 병에서 벗어나는 것은 아니다. 한센병이 아닌 다른 병이 때때로 침범하기도 한다. 복통이 일어

나는 수도 있고, 고혈압으로 쓰러지는 경우도 있다. 위암이나 담석증 등으로 수술을 받아야 할 경우도 생긴다. 이럴 때는 문제가 심각하다. 한센병이 할퀴고 간 흉한 흔적 때문에 일반 병원에서 받아 주지 않기 때문이다. 또 한센병은 다 나았어도 일반 사람들은 여전히 나와 같은 음성인을 한센병 환자로 본다.

이성곤 장로님의 부인 권사님은 간경화로 부산 J병원에 여러 번 갈 때마다 접수원에게서 퉁명스러운 대우를 받아야 했다. 이런 일은 J병원에서만 있는 일이 아니다. 모든 음성인들이 일반 병원에서 흔히 겪는 멸시와 모멸의 한 단면이다.

나는 Y교회 장로가 원장으로 있는 S병원에 간 적이 있다. 사무장과 병원장을 만나 사정을 말한 뒤 진찰과 치료를 받을 수 있었지만, 그것은 일반적으로 농장 주민들은 엄두도 내지 못하는 것이었다. 참으로 견딜 수 없는 현실이었으며, 우리에게 남은 또 하나의 고난이었다.

농장 안에도 병원은 있지만 전문의가 없었다. 피부과 외에는 다른 과 의사들이 없었다. 그래서 한센병 이외의 다른 병에 걸리면 일반 병원으로 갈 수밖에 없었다. 그런데 일반 병원에서 한센병 환자들이라고 멸시를 받으니 얼마나 고통스러운 일인가! 농장 주민들은 어지간히 견딜 만하면 병원을 찾지 않았다. 돈이 없어서가 아니라 병원에서 달갑게 맞아 주지 않았기 때문이다.

결국 이성곤 장로님의 부인 권사님은 회복되지 못하고 세상을 떠났다. 그 뒤 이 장로님의 생활은 말이 아니었다. 훗날 나는 이 장로님을 위해 좋은 배필을 찾아 드리느라 여러 농장을 수소문하며 애를 썼다. 이것이 그분이 내게 베푸신 은혜를 갚는 길인 줄 알고 백방으로 노력했던 것이다.

마침 안동농장에서 마땅한 분을 만나 모시고 와서 부부의 연분을 맺게 해 드렸다. 이제 이 장로님은 다시 단란한 가정생활을 회복하여 잘 지내고 계신다.

형님 가정을 위하여

고향에는 형님이 살고 있다. 둘째 형님이다. 마음씨 고운 형수를 맞이하여 행복하게 살고 있는데, 한 가지 걱정이 있다면 결혼한 지 10년이 넘도록 자녀가 없는 것이다.

명절이 되어 우리 내외가 아이들을 데리고 고향에 가면 형님은 우리 식구들을 몹시 부러워하는 눈치였다. 집에 아이가 없으니 쓸쓸하고 찬바람이 감돌았다.

신혼 때는 부부의 사랑만으로도 만족하지만, 시간이 흐를수록 이 사랑의 열기가 식어지면서 다른 사랑을 요구하게 된다. 맹목적인 사랑에서 이성적이고 실질적인 사랑을 찾는 것이다. 따라서 현실적이고 실리적인 면을 추구하게 되고 자연스레 자녀를 필요로 한다. 자녀를 통해 부부의 사랑이 더욱 견고해지고 성숙되어 간다.

"아이가 없어서 어떻게 한다지?"

형님 집에 다녀온 뒤 아내와 이야기를 나누다가 내가 먼저 말을 던졌다.

"글쎄 말이에요. 집안이 너무 조용하고 쓸쓸했어요."

아내도 떨떠름한 얼굴로 말했다.

"어떤 방법이 없을까?"

"……."

우리는 딸 하나 아들 하나로 만족하기에 단산하기로 아내와 약속했고 둘뿐인 아이 가운데 한 녀석을 형님 댁으로 보낼 수는 없었다. 나는 집에 와서도 형님을 걱정하면서 기도했다. 계속해서 아이가 생기지 않으면 자칫 형님 가정에 파탄이 올지도 모른다는 걱정이 들기도 했다. 그래서 하루는 아내에게 내 뜻을 넌지시 던져 보았다.

"여보, 우리가 아이를 하나 더 낳아 형님 댁에 보내면 어떻겠소?"

전혀 예상하지 못한 말이었던지 아내는 놀란 듯 눈을 동그랗게 뜨고 나를 바라보았다.

"아기를 낳는 일이 그리 쉬운 일인가요?"

아내는 동그란 눈에 안개 같은 근심을 담고 말했다. 사실 아이를 낳는 것은 보통 수고가 아니었다. 새 생명을 탄생시키는 일은 다른 한 생명이 소멸되는 듯한 고통이 따른다. 남자들은 아이 낳는 일을 쉽게 말하지만 정작 여자는 달랐다. 죽음의 고비를 넘기는 괴로움을 당하기 때문에 출산 이야기만 하면 눈을 감는다.

그러나 나의 착한 아내는 마음이 너무 예뻤다. 해산의 수고가 한없는 고통스러움으로 이어진다 해도 내 제의를 거절하지 못했다. 그만큼 나를 위해 주었고 내 고민과 고통을 함께 짊어지기를 원했던 것이다. 아내는 결심한 듯 이렇게 말했다.

"그렇게 하세요."

왈칵 눈물이 나왔다. 생명을 건 모험을 나와 형님 가정을 위해 자청했으니 얼마나 감격스런 일인가! 나는 아내의 손목을 잡고 "고맙소!"라고 말했다. 그 말밖에 할 말이 없었다.

그러나 아이를 낳는 일은 사람의 생각대로 되는 것이 아니다. 하나님께서 허락하셔야 가능하다. 그래서 나는 그날부터 아이를 달라고 하나님께 기도했다. 아들이든 딸이든 상관없었다. 하나님께서 우리에게 아이를 주시기만 한다면 그 아이를 형님의 가정에 보내기로 했다.

이듬해 1월 3일, 드디어 하나님의 허락으로 아내가 셋째 아이를 순산했다. 마음속으로는 아들을 원했지만 딸이 태어났다. 이미 우리 부부의 결심을 형님에게 전해 두었기에 출산일이 가까워 연락을 드렸더니 형님 내외가 병원에 왔다.

아이가 태어난 지 3일 만에 형님과 형수는 아기를 데려가겠다고 하셨다. 그러나 너무 갓난아이라 차마 보낼 수가 없었다. 엄마 젖도 변변히 못 먹고 가서 병들거나 쇠약해질까 봐 걱정이 되었던 것이다.

"형님, 젖도 먹여야 하니 얼마 동안만 키워 드리겠습니다. 우선은 그냥 돌아가십시오."

이렇게 형님 내외를 간신히 타일러 돌려보냈다.

아이는 아무런 병치레도 하지 않고 잘 자랐다. 우리는 이름을 '영'이라고 지어 불렀다. 영이는 참 예뻤고, 아내는 온 정을 영이에게 쏟았다. 나도 아침저녁으로 그 아이를 보는 것을 기쁨으로 여겼다.

추석이 다가오고 있었다. 명절에는 고향 형님 댁에 가야 했는데 그때는 약속한 대로 영이를 데리고 가서 형님 집에 두고 와야 했다. 그러나 방글방글 웃는 영이 얼굴을 볼 때마다 보내고 싶은 생각이 사라졌다. 나는 갈등했으나 이미 약속했기에 지켜야만 했다. 그리고 형님의 가정을 지켜 주어야 했다. 내 마음은 점점 무거워만 갔다. 내가 이러할진대 제 속으로 아이를 낳은 아내의 심정은 어떠했겠는가? 나는 아내에게 짐짓 태연한 모습을 보이려고 애썼다.

추석 전날 아이들을 데리고 형님 집을 찾아갔다. 형님과 형수는 영이를 보더니 기뻐서 어쩔 줄 몰라 했다. 명절이 지나고 집으로 돌아올 때 영이를 떼어 놓고 오려니 차마 발길이 떨어지지 않았다. 하나님께 서원 기도한 일만 없었다면 다시 집으로 데려오고 싶었다. 그러나 하나님과도 약속했고, 더욱이 형님 내외가 기뻐하는 모습을 보니 내 욕심만 채울 수는 없었다.

아내는 사흘 더 있다가 오기로 하고 내가 먼저 부산으로 내려왔다. 돌아오는 길도 마음속은 줄곧 영이 생각으로 가득 차 있었다. 번잡한 거리며 사람들의 홍수 속에서도 영이 얼굴만 눈앞에 뚜렷하게 아른거렸다.

사흘이 지나 아내가 돌아왔다. 얼굴이 몹시 수척해 있었다. 아내는 말이 없었다. 식사도 제대로 하지 못하고, 슬픔에 깊이 빠져 눈물샘이 마를 정도로 눈물을 멈추지 못했다. 한 달이 넘도록 아내는 아무 일도 손에 잡히지 않는 모양이었다. 경이와 석이가 수시로 "우리 영이는 큰집에서 안 오는 거야? 빨리 데리고 와!"라며 조를 때마다 가슴은 미어졌다.

나도 자꾸만 영이가 눈앞에 떠올라 견딜 수가 없었다. 축사에 들어가서 일할 때도 닭들의 구구거리는 소리가 영이의 울음소리로 들려 한동안 넋 빠진 사람처럼 멍하니 서 있곤 했다.

애달픈 사연

옛 어른들 말씀에 가정이 되려면 세 가지 소리가 나야 한다고 했다. 하나는 아기 울음소리요, 다음은 아이의 글 읽는 소리, 마지막이 다듬이 소리다. 형님의 가정은 영이의 울음소리가 들리면서부터 활기가 돌았다. 금이 갈 뻔한 가정이 든든하게 되었다. 형님과 형수는 영이와 함께 새로운 즐거움을 누리며 살아갔다.

그러나 나는 영이가 보고 싶어도 형님 집에 자주 갈 수가 없었다. 우선 형님 내외분이 나를 보면 영이를 데리러 온 것이 아닐런지 언짢게 생각하실까 봐 걱정이 앞섰다. 둘째는 나 자신이 영이를 보면 다시 집으로 데려오고픈 마음이 강하게 발동할 것 같았기 때문이다.

영이가 세 살 되던 해 형님 집에 놀러간 적이 있다. 그사이 영이는 잘 자라서 종종걸음으로 걸어 다녔고 말도 제법 잘했다. 나를 보고는 낯선 사람이라 생각되었는지 연신 "아저씨, 아저씨!" 하고 불렀다. 형님이 영이에게 조용히 타일렀다.

"영이야, 아저씨가 아니라 작은아빠라고 불러라."

그러나 영이는 그냥 "아저씨!" 하고 웃는 것이었다. 영이가 작은 입을 오물거리며 말할 때의 모습이 너무 고왔다. 아저씨라 불러도 영이의 목소리가 듣기 좋아 물끄러미 영이를 바라보고만 있었다. 그러나 집으로 돌아오는 길에 나는 참았던 눈물을 쏟고 말았다. 세상에 이런 일도 있는가? 자기 자식에게서 '아저씨, 작은아빠'라고 불려야 하다니 참으로 가슴 아픈 일이었다.

그러나 형님 집에서 피어나는 행복한 분위기는 나의 슬픈 마음을 달래 주고도 남았다. 영이로 인해 형님과 형수가 그토록 기뻐하고, 삭막했던 가정에 생기가 돌고 있으니 참 다행스런 일이었다. 동생으로서 형님께 마땅히 해야 할 의무를 한 것처럼 가슴이 후련하기도 했다.

영이가 다섯 살 되던 해, 형님 가정에 기적이 일어났다. 고목나무에 꽃이 핀 기적이었다. 형수가 임신한 것이다. 결혼한 지 15년 만의 일이었다. 형수는 초산인데다가 적은 나이가 아니라 걱정하며 자신 없어 했다.

출산일이 임박하자 형수는 서울로 올라가 병원에 입원했다. 결국 제왕절개 수술을 하고 사내아이를 출산했다. 다행히 산모와 아기는 모두 건강했다. 형님 가정에 아이가 둘이 되는 셈이었다. 그러나 나는 고민이 생겼다. 그것은 우리 영이를 형님 집에 그냥 두느냐, 데리고 오느냐 하는 것이었다. 영이를 앞으로 어떻게 할 것인가?

아는 분들에게 상담을 해 봤지만 의견이 분분했다. 나는 형님 집에 가서 영이를 만났다. 영이는 벌써 초등학생이었다. 그사이 소문이 났는지 영이도 자신이 형님의 딸이 아니라 나의 자식임을 아는 눈치였다. 그러나 나는 어린것에게 상처를 주지 않으려고 내색하지 않았다. 염려가 되어 살짝 영이 담임 선생님을 만나 솔직하게 털어놓고 상의를 했다.

"선생님, 어쩌면 좋겠습니까? 혹시나 영이가 눈치를 채고 방황할까 걱정입니다."

담임 선생님은 상냥하고 친절하게 대답했다.

"지금은 아무 일도 없습니다. 영이는 조금도 흔들리지 않고 열심히 공부하고 있습니다. 공부도 잘합니다. 이번에 군에서 개최한 붓글씨 대회에 학교 대표로 나가 상도 받아 왔어요."

영이가 학교생활을 잘하고 있다니 안심이 되면서 기분이 좋아졌다. 선생님께 "앞으로도 잘 지도해 주십시오. 그리고 영이에게 무슨 문제가 생기면 연락해 주십시오" 하고 전화번호를 적어 주고 돌아왔다.

누가 이 아픔을 알아주랴

1980년 3월은 우리 딸 경이가 초등학교에 입학해야 하는 달이었다. 걱정이 태산 같았다. 전에 농장 안에 있던 분교가 없어진 뒤로 농장 안에 사는 많은 아이들은 시내에 있는 일반 초등학교에 다니고 있었다. 아이들은 모두 건강했지만, 사람들은 우리의 아이들을 '미감아'라고 말했다. 그것은 듣기에 매우 기분 나쁜 말이었다. 아마도 한센병에 감염되지 않았다는 뜻에서 생겨난 말일 것이다. 병에 감염되지 않았으면 건강한 아이인데 꼭 '미감아'라는 말을 붙여야 하는지, 아이들을 그 오욕의 병과 연관시켜야 속이 편안하단 말인가?

부모가 한센병을 앓았다 해도 아이들은 건강했다. 건강한 아이라면 차별받아야 할 이유가 없다. 그러나 다른 아이들과 조금도 다를 바가 없는 우리 아이들을 학교에서는 한센병 자녀라고 받아 주지 않았다. 농장에서 왔다고 하면 마치 한센병을 달고 다니는 아이들처럼 멀리하고 차별했던 것이다. 그래서 우리는 그 사실을 내색하지 않고 감추고 지낼 수밖에 없었다.

경이가 입학할 시기가 다가오자 나는 초조해졌다. 미리 몇 개월 전부터 시내에 잘 아는 분의 집으로 경이의 주민등록 주소를 옮겨 놓았다. 다행히 초등학교 취학 통지서가 그 집에 무사히 전달되었다. 그러나 학교에 가려면 집에서 거리가 멀어 이만저만 고생이 아니었다. 시내 아이들보다 한 시간씩 먼저 집을 나서서 버스를 두 번이나 갈아타는 번거로움을 겪어야 했다. 입학한 뒤 얼마 동안은 아내가 아이를 학교 정문까지 데려다 주었는데 그것도 예삿일이 아니었다.

일주일이 지난 뒤에 아내가 경이에게 물었다.

"혼자 학교에 다닐 수 있겠니?"

"응."

"다른 언니 오빠들이랑 같이 차에 타면 되는 거야. 학교 끝나면 버스 타고 종점까지 와서 다시 농장 가는 차를 타는 거다."

"알아! 혼자 차 탈 수 있어!"

경이를 혼자 학교에 보내던 날은 아이가 돌아오는 시간까지 도무지 안심할 수 없어 온종일 안절부절했다. 용케도 경이는 집을 잘 찾아왔다.

그 무렵 농장 안에는 시내 통학생이 중·고등학생들까지 합해 무려 270여 명이 넘었다. 가까운 C동에서는 반대가 더욱 극심했기 때문에 비밀리에 농장에서 더 멀리 떨어진 시내 학교에 입학시켜 공부하게 했던 것이다.

아내와 나는 저녁만 되면 경이를 앉혀 놓고 교육을 시켰다.

"경이야! 학교에 가서 선생님이나 아이들이 너희 집이 어디냐고 물으면 학교 가까운 곳에 있다고 대답해야 한다."

"우리 집은 학교에서 이렇게 먼 곳에 있는데……."

"아빠 말 잘 들어! 누가 너더러 버스 타고 학교에 다니냐고 묻거든 '아니요'라고 대답해라."

"왜 그래야 하는데? 차를 두 번이나 타면서 안 탄다고 거짓말을 꼭 해야 하나?"

나는 아이에게 딱히 대답할 말이 없었다. 철없는 어린것에게 거짓말을 시키려니 가슴이 아팠다.

"왜냐하면, 경이가 지금 다니고 있는 학교는 굉장히 좋은 학교란다. 그

학교에 계속 다니려면 아빠가 시키는 대로 대답해야 한단다. 알았지?”

“그래, 알았어!”

착한 경이는 고개를 끄덕였지만, 내가 간곡하게 하는 말을 대수롭지 않게 받아들이는 듯 금세 그 이야기는 잊고 다른 화제로 말을 돌렸다. 경이는 학교에서 일어났던 재미있는 일을 이야기하면서 천진하게 웃고 즐거워했다.

나와 아내는 저녁마다 번갈아 가며 경이에게 주의를 주곤 했다. 다행히 경이는 한동안 별일 없이 학교에 잘 다녔고 우리도 그 일에 대해 안심하고 마음을 놓았다.

한 달이 지난 어느 날, 경이가 학교에서 돌아오자마자 호들갑스럽게 나를 불렀다.

“아빠, 아빠!”

“왜 그래?”

경이의 호들갑스러운 표정을 보니 왠지 가슴이 뛰었다.

“아빠! 나 오늘 학교에서 바른 말 했다.”

“……..”

순간 온몸에서 힘이 쭉 빠졌다. 나는 할 말을 잃고 경이를 멍하니 바라보았다.

“나 오늘 바른 말 했다니까.”

“바른 말이라니 무슨 말을 했다는 거냐?”

불안함을 감추면서 마음속으로 아니기를 바라며 딸아이에게 다시 되물었다.

“선생님이 학교에 버스 타고 다니는 학생은 손 들라고 해서 손을 들었단 말이야."

"그래서?"

"시간 마치고 남으라고 해서 남았지."

"그래, 어떻게 되었니?"

"선생님이 차근차근 묻지 않겠어?"

"무엇을 물어?"

"집이 어디 있으며 아버지는 무얼 하시는 분이냐고 말이야."

"그래 무엇이라 했니?"

"버스를 두 번 타고 학교에 오고 아빠는 닭과 돼지 기르는 일을 한다고 말했지. 그랬더니 선생님이 '네 집은 C농장에 있는 거지?' 하고 물으시잖아. 그래서 '예' 하고 대답했지 뭐!"

가슴이 철렁했다. 눈을 동그랗게 뜨고 경이에게 다시 물었다.

"그랬더니 선생님이 뭐라고 하셔?"

"내일 엄마나 아빠에게 학교에 나오시라고 말씀드리래!"

맥이 탁 풀렸다. 그 순간 나도 모르게 목소리에 힘이 들어갔다.

"엄마 아빠가 그만큼이나 차 타고 다니지 않는다고 말하라고 당부했는데 그걸 잊고 있었니?"

"아니야, 알고 있었지. 하지만 그건 거짓말이잖아. 주일학교 선생님이 거짓말하면 안 된다고 했단 말이야!"

내 무서운 표정을 보고 경이가 울음을 터뜨렸다. 어린 경이는 거짓과 진실의 갈림길에서 아이다운 고민을 한 것이었다. 잘못된 거짓을 강요한 부모로서 나는 책임감을 느꼈다. 나는 경이를 조용히 타이르며 위로했다.

"경이야, 너는 잘못이 없다. 너에게 거짓말하라고 시킨 엄마 아빠가 나

빴어! 내일 엄마랑 아빠가 학교에 가서 선생님을 만날 테니 걱정 말고 그만 울어라. 우리 경이는 착한 아이다.”

경이는 소낙비 내린 뒤 청명한 하늘에 비친 햇살처럼 금세 환한 웃음으로 나를 바라보았다.

“그래! 우리 경이 착하다.”

아이를 달래고는 자리에서 일어나 밖으로 나갔다. 일이 손에 잡히지 않았다. 집행부 사무실 쪽으로 내려갔더니 사람들이 모여 웅성거리고 있었다. 사람들의 얼굴에 긴장감이 감돌았다. 가까이 다가가 얘기를 들어 보니 바로 학교 문제 때문이었다. 경이만 사실을 말한 것이 아니고 농장 아이들 대부분이 발각된 모양이었다. 이 일은 우리 가정의 문제만이 아니라 농장 전체의 문제였다. 한숨이 절로 나왔다. 당장 어떻게 해야 할지 묘안이 떠오르지 않았다. 그러나 현실은 현실대로 대처하는 수밖에 없었다.

다음 날, 아내와 함께 학교에 찾아가 담임 선생님을 만났다. 키가 작은 선생님의 초롱초롱한 눈에서 총명함이 드러나 보였다.

“경이 아빠입니다.”

“오시라고 해서 죄송합니다.”

선생님은 미안한 듯 겸연쩍은 얼굴로 우리를 맞이했다.

“사실은 우리 학교에 농장 아이들이 많다는 학부모들의 거센 항의가 들어와서 교직원 회의에서 논의된 일이 있었습니다. 우선 실태를 파악하려고 조사했더니 경이가 농장에 산다고 그러더군요.”

“어떻게 하실 방침입니까?”

순간 그렇게 묻긴 했지만 나의 가슴은 바짝바짝 타들어 갔다.

"학교에서는 다른 학교로 전학을 시켜야 한다고 결정을 내렸습니다. 그러니 경이를 전학시켜야겠습니다."

뭐라 할 말이 없었다. 가슴에서는 불꽃이 튀었지만 그 불을 삭히며 조용히 한마디 했다.

"학부모들의 항의 때문에 그런 결정을 내리셨다고 하는데 우리도 학부모입니다. 그쪽 학부모는 어떤 사람이며 이쪽 학부모는 어떤 사람입니까? 다 같은 학부모 아닙니까?"

"아니지요, 저쪽은 건강인들이고 이쪽은 건강인이 아니지 않습니까?"

나는 담임 선생님의 말에 은근히 화가 나기 시작했다.

"그렇지 않습니다. 나의 아내는 완전히 건강인입니다. 그리고 나는 음성인입니다. 병이 다 나은 사람 말입니다. 더욱이 우리 경이는 병과 관계없는 완전한 건강인입니다. 그런데 이런 식으로 사람을 차별해도 되는 겁니까?"

어느새 내 목소리가 높아졌다. 마음을 가라앉히고 나는 다시 입을 열었다.

"선생님, 우리는 곧 시내에 나와 살 겁니다. 얼마 동안만인데 그것마저 안 됩니까?"

"글쎄요, 학교의 방침이기 때문에……학교 방침대로 따라야 되지 않겠습니까?"

"안타까운 사정을 좀 양해하시고 묵인해 주실 수 없겠습니까?"

"할 수 없습니다."

선생님은 냉정하게 말했다. 우리 부부는 견딜 수 없는 모멸감을 느끼며 돌아섰다.

아내는 학교에서부터 줄곧 울음으로 일관했다. 나도 오열이 치밀어 올랐지만 아내의 슬픔을 더 가중시킬 것만 같아 꾹 참고 눈물을 보이지 않았다. 그러나 생각할수록 서러워서 견딜 수 없었다. 원통한 일이었다. 누가 이 아픔을 알아주겠는가? 소록도에서의 긴 투병생활 속에서도 이처럼 가슴 아픈 일을 겪은 적은 없었다. 한 번 한센병 환자였던 사람의 인생은 넘고 넘어도 산뿐인 첩첩산중이었다.

혼자 당하는 일이라면 할 말이 없지만 아무 죄 없는 건강한 아내와 어린 자식이 나 때문에 이런 수모를 당해야 하니 가슴이 답답할 뿐이었다.

집으로 돌아오는 길에 하염없이 울고만 있는 아내에게 말했다.

"여보, 울지 마시오. 집에 가서 한번 연구해 봅시다."

그러자 아내는 퉁명스럽게 말을 뱉는 것이었다.

"연구는 무슨 연구란 말이오. 아무런 대책이 없는데 연구가 무슨 필요가 있겠어요. 당신이 교육부 장관이 아닌 이상 이 일은 해결이 어려울 것 같아요."

"그래도 무슨 길이 있겠지. 설마 경이가 학교에 못 다닌다고 까막눈이야 되겠소?"

"보세요. 농장 분교도 없어졌잖아요. 가까운 C동에서는 반발이 더 심하니 받아 주지도 않을 거예요. 무슨 뾰족한 수가 있겠어요?"

그렇게 말하며 아내는 울음을 그치지 않았다. 나도 속으로 울고 또 울었지만 차마 눈물을 보일 수 없었다.

집으로 돌아와 농장 집행부 사무실에 들렀더니 모두들 야단이었다. 학교마다 우리 아이들이 수업을 거절당했다는 것이다. 많은 학부모들이 학교에 호출되어 다녀왔다고 했다. 그것도 몸이 성한 사람들의 이야기였다.

너무 쇠약한 사람들은 학교의 호출에 아예 응하지도 않았다.

극적인 타결

농장 집행부 회장이 S경찰서에 전화를 걸어 서장과 직접 통화하며 억울함을 호소했다.

"이럴 수가 있는 겁니까? 음성인은 사람이 아닙니까? 그리고 아이들은 병과 전혀 관계가 없는데 왜 용납 못 하겠다는 것입니까? 서에서 직접 중재에 나서서 이 문제를 해결해 주십시오. 한 명이라도 전학하는 일이 벌어지지 않도록 해 주셔야 합니다. 만일 그렇게 되지 않으면 심각한 사태가 벌어질 것입니다. 불행한 사태가 일어나지 않도록 사전에 방지해 주시기 바랍니다. 이곳 주민들이 노도같이 들끓고 있습니다. 정말 불행한 사태가 일어나지 않도록 힘써 주십시오."

사무실 밖으로 나오니 주민들이 야단이었다. 당연한 일이다. 우리의 불행이 자식들에게까지 이어져서는 안 될 일이다. 어느 부모든 자기 자식에게 불행을 물려주고 싶지 않은 법이다. 한센병이 아무리 악성 질환이라 한들 그 2세들과는 아무 상관이 없는 것이다.

지금이야 좋은 약이 개발되어 깨끗이 치료받을 수 있기에 한센병은 일종의 피부병으로 인식되고 있다. 그런데 사회 전반적으로 계몽이 덜 되어 있던 당시에는 절대로 낫지 않는 지독한 병이라는 고정관념 속에 사로잡혀 있었다.

그러므로 아이들의 학교 문제를 계기로 한센병에 대해 정확한 사실을 홍보하고 사람들을 계몽할 필요가 있었다. 또한 그 사태를 통해서 우리의 의견을 제대로 전달하고 부당한 대우를 받는 것을 끝내야 했다. 다행히 우리 쪽에서 워낙 강력하게 대응해서인지 경찰서에서 나서서 큰 역할을 해 주었다.

결국 우리 아이들은 한 학생도 전학하지 않았고 그대로 학교에 다니게 되었다. 하지만 아이들이 느끼는 심적인 고통은 적지 않았다. 학교 측에서는 아이들에게 학교에서 가까운 정류장에 내리지 말고 한 정거장 앞서 내려 걸어서 통학하는 것처럼 보이도록 하라고 특별히 주의를 주었다.

경이도 무사히 학교에 잘 다녔다. 그러나 경이가 학교에서 돌아올 때마다 혹시 또 무슨 문제가 생기지 않았는지 조마조마한 마음으로 아이의 얼굴을 살피는 것이 버릇이 되었다.

격리 수업받는 아이

하루는 학교에서 돌아온 경이가 힘이 하나도 없는 풀 죽은 목소리로 말했다.

"오늘 선생님이 나더러 자리에서 일어나라고 하더니 뒤로 데리고 가시잖아."

"그래서?"

나는 동그래진 눈으로 경이를 바라보았다.

"짝도 없이 뒷자리에 혼자 앉아서 공부하라고 했어!"

"……."

‘아, 이제는 아이를 격리시키는구나!’

경이에게 차마 그 말만은 할 수가 없었다.

“아빠! 선생님이 왜 그러지? 왜 나를 뒷자리에 혼자 앉으라고 하는 거야? 나는 키가 작아서 앞자리에 앉아야 하는데 왜 뒷자리에 앉히는지 모르겠어.”

할 말이 없었다. 가슴이 짠해져서는 얼른 다른 말을 둘러댔다.

“아마 경이는 눈이 좋으니까 뒷자리에 앉으라고 하셨나 보다.”

“그런가? 맞다. 나는 눈이 좋거든……. 그런데 뒷자리에 앉으니까 칠판이 잘 안 보이던데…….”

“그래도 선생님이 시키시는 대로 따라야 하는 거야. 선생님 말씀에 불평 없이 순종하는 어린이가 착한 어린이란다. 어디서든지 공부만 열심히 하면 되는 거지.”

가슴이 몹시 아팠지만 지금까지 겪어온 수모인 것을 어쩌랴! 세상에서 받는 모든 멸시와 차별에서 초연해야 하는 것이 나와 내 아이들의 처지였다. 나는 경이가 쫓겨나지 않고 뒷자리에서라도 다른 아이들과 함께 공부할 수 있게 된 것을 다행으로 생각해야 했다.

철부지 어린것들

2년이 지났다. 이번에는 둘째 석이가 초등학교에 입학했다. 정말 이 어린것에게만은 누나 경이가 겪었던 일이 일어나지 말아야 하는데…….

처음 일주일 동안 석이는 아무런 일 없이 학교에 잘 다녔다. 학교생활이 재미있는지 언제나 밝은 모습으로 지내는 석이를 볼 때마다 내 마음은 기쁨으로 넘쳤다. 그런데 며칠이 지난 어느 날, 석이가 제 또래의 낯선 아이를 집으로 데리고 왔다. 나는 놀라서 석이를 다그쳐 물었다.

"저 애가 누구냐?"

"내 짝이야. 하도 우리 집에 놀러가겠다고 해서 데리고 왔어."

순간 말문이 막혔다. 날마다 두 아이를 앉혀 놓고 버스 두 번 타고 학교에 다닌다는 말은 하지 말라고 신신당부를 했건만, 아무것도 모르는 철없는 석이가 친구에게 그 이야기를 한 것 같았다. 석이의 짝은 친구 집에 놀러 온 것이 마냥 신기하고 좋기만 한 모양이었다.

나는 급히 옷을 갈아입고 두 녀석을 데리고 시내로 나갔다. 식당에 들어가 점심을 사 주었더니 둘은 좋아서 연신 웃고 장난을 치면서 음식을 먹었다. 식사가 끝난 뒤 석이 짝꿍에게 타이르듯 말했다.

"아까 그 집은 석이 집이 아니야. 석이 큰집이란다. 다시는 놀러 오면 안 된다. 알겠니?"

"예!"

아이는 아무런 생각 없이 대답했다.

"석이 너도 앞으로 어떤 친구도 그리로 데리고 가면 안 된다. 알겠니?"

"응!"

이 어리고 천진난만한 아이들에게 이런 거짓말을 해야 하는 내 처지가 참으로 처량하고 슬펐다. 가슴이 한없이 답답하기까지 했다.

석이 친구를 차에 태워 보내고 돌아오면서 석이에게 다시 부탁했다.

"석아! 아빠가 몇 번이나 말하던? 어찌 너는 이 아빠의 말을 알아들을 줄 모르니? 다시는 친구들을 집으로 데리고 오지 말거라. 아이들이 너네 집이 어디냐고 묻거든 그냥 C동에 있다고 대답하란 말이다. 알겠니?”

“응, 알았어.”

자식 키우기가 이렇게 힘들고 조마조마해서야 앞으로 어떻게 살아가 겠는가? 그 당시 나는 암담한 생각만 들었다.

5. 감격의 눈물, 쓰라림의 세월

고모부, 우리 고모부

1974년 2월 20일, 음력설이 며칠 지난 어느 날 오후 낯선 장정이 나를 찾아왔다. 내가 전혀 알지 못하는 사람이라 당황스러웠다. 훤칠한 키에 밉지 않은 용모를 가진 남자였다.

"이명남이라는 사람의 집이 어디오?"

"이 집입니다만……."

그러자 남자가 얼굴에 엷은 웃음을 띠면서 곁으로 바짝 다가왔다.

"그럼, 자네가 용이 동생이란 말인가?"

"예, 맞습니다."

남자는 내 말이 떨어지기가 무섭게 반가운 목소리로 소리쳤다.

"조카!"

“······.”

너무 돌발적인 일이라 멍하니 바라보고만 있는데, 남자가 내 손을 덥석 잡으며 말했다.

“내가 자네 고모부라네!”

남자는 눈앞으로 흘러내린 머리카락을 입김으로 후 불어 올리고는 내 손을 힘 있게 잡아 흔들었다. 나는 조금 당황했다. 느닷없이 고모부라니, 너무 뜻밖이었다.

잠시 뒤 고모부를 우리 집의 단칸방으로 안내했다.

“방이 누추합니다.”

“그래, 고생이 많구나!”

우리 집 단칸살림을 본 고모부는 처량한 생각이 들었는지 눈시울을 붉혔다.

“고모님은 잘 계십니까?”

“그럼, 잘 있다네.”

내가 여기에 살고 있는 것은 형님 외의 다른 친척들에게는 일체 비밀로 하고 있었는데 어떻게 알고 찾아오신 것일까? 고모의 결혼 소식은 소록도에 있을 때 이미 들었다. 나 때문에 혼삿길이 막혀 어려움을 겪던 고모가 결혼했다는 소식을 듣고 감격해 운 일이 생각났다.

그 무렵 나는 고모 생각을 참 많이 했다. 고모부는 과연 어떤 사람일까 궁금하기도 했다. 혹시 나 때문에 고모가 자신보다 훨씬 못한 사람에게 억지로 시집갔을 것만 같아 무척 미안하고 안타까웠다. 병이 다 나아 고향에 돌아와서도 죄책감 같은 것이 내 마음을 무겁게 누르고 있었기에 끝끝내 고모 이야기를 입 밖에 내지 못했다.

그런데 고모부가 나를 찾아온 것이다. 다행히 내가 상상하고 염려했던 모습이 아니었다. 그동안 내 걱정이 얼마나 어리석었는지 보여 주듯 고모부의 모습은 늠름했다. 고모부는 큰 키에 호남형 얼굴이었고 몸집도 대단했다. 얼마나 기뻤는지 모른다. 한없이 마음씨 곱던 우리 고모가 나이 어린 처녀로 불평 한마디 없이 살림을 도맡아 꾸려 나가는 모습이 아름다워 하나님께서 감동하고 베푸신 은혜가 틀림없었다. 나는 고모부의 모습에 감격했고 하나님께 진심으로 감사 드렸다.

마침 아내가 아이들을 데리고 외출한 터라 고모부에게 뭘 어떻게 대접해야 할지 몰라 당황했다. 그러나 그것은 문제가 아니었다. 고모부는 방에 들어와 앉아서도 줄곧 내 손을 놓지 못하고 눈물을 글썽였다.

"왜, 진작 연락하지 않았나?"

고모부는 내가 여기 있는 것을 알리지 않은 사실에 대해 섭섭해하며 가볍게 꾸짖었다.

"제 처지가 이런데 어떻게 알린단 말입니까?"

나는 그저 미안한 마음으로 감격해하며 몸 둘 바를 몰라했다.

"자네 형편이 어떻다는 것인가? 이제는 병이 다 낫지 않았나? 고모가 얼마나 자네를 생각하고 많이 슬퍼했는지 아는가?"

할 말이 없었다. 마음 착한 우리 고모가 지금까지도 나를 걱정하고 있다니 참으로 고마운 일이었다.

"그런데 어떻게 알고 이곳까지 찾아오셨습니까?"

"큰조카에게 자네 주소를 가르쳐 달라고 했지만 모른다고만 할 뿐 가르쳐 주지 않더군."

"뭐 좋은 일이라고 가르쳐 주겠어요?"

"무슨 말을 그렇게 해? 건강할 때만 조카고, 병들었으면 남인가? 그런 섭섭한 소리하면 안 되네. 사람의 도리가 아니지. 어느 날, 큰조카 집에 갔다가 뒷간에서 자네가 큰조카에게 보낸 편지봉투를 발견했다네. 찢겨 있었지만 부산 주소가 적혀 있는 것을 메모해 두었지. 그러다가 이번에 부산 이모님 댁에 들를 일이 있어 겸사겸사 찾아온 거야."

"감사합니다."

"이제 기회 되는 대로 자주 들르겠네. 자네도 고향 오는 길에 우리 집에 꼭 찾아오게나. 고모가 자네를 많이 보고 싶어 한다네."

"예."

결국 고모부는 변변한 대접도 받지 못한 채 집으로 돌아가셨다.

그 뒤부터 고모부는 부산에 오실 때마다 우리 집에 꼭꼭 들르셨다. 나도 고향에 갈 기회가 있으면 두 분을 자주 찾아가곤 했다. 고모는 고모부가 나를 만난 이후 더 잘해 주신다고 말씀하셨다. 고모부가 정말 고마웠다. 세상 사람들이 다 우리 고모부 같으면 누가 한센병에 걸렸다고 실망하거나 좌절하겠는가? 우리나라 사람 3분의 1만 우리 고모부 같아도 한센인 정착촌은 생기지 않았을 것이다. 음성인이 모두 사회로 복귀하여 걱정 없이 자유롭게 활동하며 살 수 있었을 것이다.

17인 친목계

거미는 혼자 으슥한 곳에 거미줄을 쳐 놓고 벌레가 걸리기를 기다렸다가 걸린 벌레를 잡아먹고 산다. 그러나 사람은 거미가 아니기에 혼자서는 살지 못한다. 그래서 사람들은 결혼을 하고 가정을 꾸린다. 그렇게 가정이 모여 사회가 되고 국가가 되는 것이다.

안타깝게도 정착촌 사람들은 사회가 용납하지 않아 죽을 때까지 사회에 복귀하지 못하고 따로 모여 살지만, 우리들도 인간이기에 친목이 필요하고 서로 도움을 주고받으며 살아간다. 같은 처지의 슬픈 사람들이 모여 외로움을 달래며 어려움을 함께 나누며 사는 것이다.

어느 날, 우리 농장 안에서 같은 또래의 젊은이들끼리 친목계를 조직했다. 계원이 17명 모였다 하여 '17인 친목계'라고 이름을 붙였다. 한 달에 한 번씩 집을 돌아가며 다 같이 모여 식사하고 하룻밤 웃고 즐기며 우정을 나누는 모임이다. 17인 친목계는 회원들의 가정에 경사가 생기면 함께 기뻐하며 거들고, 안 좋은 일이 생기면 함께 슬퍼하면서 자신의 일처럼 수고를 아끼지 않는다. 모두 한자리에 모여 음식을 나누며 한식구처럼 따뜻한 사랑을 나눌 때는 세상이 부럽지 않다.

나는 이 친목계의 회장으로 연락책을 맡고 있다. 우리는 기금이 모이면 1년에 한두 차례 관광도 한다. 사실 우리는 한곳에만 너무 오래 갇혀 살았기 때문인지 생각이 좁고 미래의 계획이 얕을 때가 있다. 그래서 가끔 여행하면서 멋진 자연 풍광과 넓은 세상을 돌아보며 인생을 살아가는 데 필요한 여러 가지 도움을 얻는 것이다.

이색 결혼식

친목계 회원들 중에는 정식으로 결혼식을 올리고 사는 부부도 있지만,

형편 때문에 결혼식을 올리지 못한 부부들도 있었다. 그로 인해 나는 늘 목구멍에 가시가 걸린 것처럼 마음이 편하지 않았다.

1976년 4월 어느 날, 꽃바람이 불어 봄나들이 나서기 딱 좋았던 그 즈음 우리 17인 친목계도 관광을 계획했다. 이번 행선지는 서울, 우리는 명소를 둘러보기로 계획을 세웠다. 모두들 여행의 기대로 들떠 있는데, 나는 다른 계획 때문에 마음이 더 술렁였다. 이번 여행 길에 결혼식을 올리지 못한 친구들의 결혼식을 올려 주고 싶은 욕심 때문이었다. 잘만 진행되면 돈 들이지 않고도 기억에 남는 멋진 결혼식을 할 수 있겠다는 생각이 들었던 것이다.

여행을 떠나기 며칠 전, 식을 올리지 못한 친구들을 만나 상의했다. 내 계획을 듣고는 모두 조금 떨떠름한 표정을 지었는데, 그중 한 친구가 찬성하는 눈치를 보였다. 나는 한 쌍이라도 좋았다. 그들의 숙제를 풀어 주는 좋은 기회였기 때문이다. 나는 신부 드레스를 한 벌 빌리고, 성경과 찬송가도 준비했다. 혹시나 싶어 결혼 서약문도 미리 마련했다.

드디어 여행 가는 날 아침, 일찍부터 서두른 우리는 들뜬 기분으로 서울을 향해 출발했다. 중간에 금강 유원지에서 쉬어가기로 했을 때 나는 회원들에게 기쁜 소식을 전하기 위해 자리에서 일어나 마이크를 잡았다.

"오늘 이 기쁘고 유쾌한 여행 길에 역사적인 사건이 잠시 진행될 것입니다."

버스 안이 조용해졌다. 나는 다시 말을 이었다.

"금강 유원지에서 결혼식이 거행됩니다. 결혼식의 주인공은 신랑 이〇〇 군과 신부 〇〇〇 양입니다."

그러자 환호와 함께 박수 소리가 버스 안을 가득 채웠다.

버스가 금강 유원지로 들어가자, 우리는 잔잔히 흐르는 강물을 바라보며 적당한 곳에 자리를 잡고 앉았다. 신부에게 준비해 온 드레스를 입히고 길가에 활짝 핀 개나리꽃을 꺾어 꽃다발을 만들어 안겨 주었다. 그런데 주례자가 문제였다. 신랑과 신부가 준비하는 동안 나는 주례자를 찾아 사방으로 뛰었다. 마침 순찰 중인 교통순경이 눈에 들어온 나는 얼른 뛰어가 사정을 설명하며 간곡히 부탁했다.

"급한 결혼식입니다. 주례를 좀 서 주십시오."

갑작스런 제의에 순경은 질색하면서 손을 흔들었다.

"결혼 주례라니요? 난 전혀 경험이 없어요. 절대 못 합니다."

순경은 혼비백산하며 뛰어가 순찰차를 몰고 달아났다. 나는 그 순경의 반응이 충분히 이해되었다. 아마도 그 순경이 밤에 친구를 만나거나 집에 들어가면 큰 이야깃거리가 될 해프닝이었다.

급한 김에 식당으로 들어갔다. 마침 점잖게 생긴 신사 한 분이 식사를 마치고 일어서는 게 보였다. 왠지 주례에 적임자일 듯했다. 처음 보는 사람이지만 친근한 표정으로 그분께 정중하게 인사했다.

"저, 선생님! 초면에 대단히 실례가 되는 줄 알면서도 실례를 무릅쓰고 말씀드리니 무례를 용서하시고 허락해 주시기 바랍니다."

정장 차림의 신사는 아닌 밤중에 홍두깨 식으로 불쑥 꺼낸 내 말에 어리둥절한 표정을 짓더니 나를 빤히 바라보면서 이렇게 말했다.

"무슨 일인데 그러십니까?"

"매우 급한 결혼식을 하게 되었으니 오셔서 주례를 맡아 주십사 부탁드립니다."

신사는 주례라는 말에 놀라 크게 웃으며 "못 합니다. 갑자기 제가 주례를 어떻게 합니까?"라고 거절했다.

"딱한 사정이 있어 그러니 제발 거절하지 말아 주십시오."

계속 간청을 하자 거절하기 무안했던지 신사가 긍정적인 반응을 보였다. 그 신사는 고속버스 운전기사였는데 그날이 마침 비번이었던 것이다.

나는 신사와 함께 신랑 신부가 기다리는 장소로 걸어오면서 어려운 일을 한 가지 더 청했다.

"신랑 신부는 기독교 신자입니다. 가능하면 기독교식으로 진행하고 싶은데 괜찮겠습니까?"

"좋습니다. 저도 교인입니다."

"아이쿠, 그렇습니까?"

어쩐지 처음 보았을 때부터 어디선가 만난 듯이 친근했던 이유가 바로 같은 그리스도인이기 때문이었을까? 믿는 사람들은 이렇게 통하는 것인가? 하나님께서 신랑 신부를 위해 오늘 이 운전기사를 예비해 주신 것은 아닐까?

마음이 날아갈 듯 가벼웠다. 신사는 대구제일교회에 출석하는 집사로 교회에 나간 지는 얼마 되지 않았지만 신앙생활을 잘해 보려고 노력하는 중이라고 자신을 소개했다.

나는 미리 준비해 둔 성경구절과 결혼 서약서를 그에게 넘겨주었다.

드디어 결혼식이 시작되었다. 신랑이 먼저 주례자 앞에 나가 서고 신부가 흰 드레스를 입고 천천히 앞으로 걸어 나갔다. 박수갈채가 공중을 날아올랐다. 며칠 동안 줄곧 흐리기만 했던 봄 날씨가 그날만은 유난히 화창하고 맑았다. 하늘도 한 쌍의 신랑 신부를 마음껏 축복해 주는 듯했다. 늘어진 수양버들가지가 소슬바람에 흔들거리고 강물은 쏟아지는 햇살에 바람을 타고 고기 비늘처럼 반짝이고 있었다. 관광객들이 지나가다 걸음을 멈추고 신기한 듯 결혼식에 눈길을 보냈다. 정말 아름다운 풍경이었다.

주례자는 성경말씀을 읽고는 할 말을 잃은 듯 가만히 서 있다가 간단히 주례사를 던졌다.

"신랑 신부는 예수 잘 믿고 서로 사랑하고 아껴 주며 열심히 사시오. 행복한 부부가 되시기를 진심으로 바랍니다."

얼굴이 소년처럼 발갛게 상기된 주례자가 웃으며 소리쳤다.

"이상으로 결혼식 끝!"

폭소가 터지고 박수 소리가 요란스럽게 울려 퍼졌다. 결혼식은 간단하게 무사히 끝났다. 아이까지 낳고 사는 부부가 뒤늦게 결혼식을 하는 것이 쑥스러운 일이긴 하지만, 그들에게는 평생 잊을 수 없는 추억거리가 되었다. 또 먼 훗날 자식들에게도 면목이 서는 일일 것이다.

그날의 봄나들이는 신랑 신부의 신혼여행이 된 셈이고 우리는 친구 들러리로 따라간 격이 되었다. 다시 버스가 달리기 시작하자 뒷좌석에 앉은 신부가 감격의 눈물을 흘렸다. 형식도 제대로 갖추지 않고 서둘러 올린 식이었지만, 그들이 갖게 된 결혼식 사진은 그 부부에게 대단히 뜻 깊은 일이었으리라.

가족 소풍

1981년 5월 5일, 아이들의 성화에 못 이겨 아내가 정성 들여 만든 도시락을 들고 오랜만에 가족끼리 성지곡 공원으로 소풍을 갔다.

정문 앞에 이르니 사람들로 몹시 붐볐다. 우리도 그들 사이에 끼어 안으로 들어갔다. 공원 안 잔디밭에는 먼저 온 가족들이 옹기종기 모여 앉아 환한 표정으로 놀고 있었다. 우리도 적당한 곳에 자리를 정하고 둘러앉았다.

평안하고 행복해 보이는 사람들을 보니 더욱 부러운 마음이 들었다. 아무런 구김살 없이 자유롭게 지내는 저들에 비해 나는 무엇인가? 얼마나 움츠러든 약하고 한심한 인간인가? 이제는 나도 병이 다 나은 건강한 사람인데, 얼마든지 사회에서 남들처럼 활동할 수 있는데……무엇이 나를 이처럼 무력하게 만들고 있는 것일까?

문제는 눈썹이었다. 다른 곳은 모두 정상이지만 한센병으로 인해 눈썹이 다 빠져 버렸다는 사실 하나가 정상인의 생활을 막고 나를 슬픔에서 더욱 헤어나지 못하게 만들었다. 내 인생이 마치 구겨진 신문지 조각처럼 느껴졌다.

눈썹이 없다고 내 모든 것이 망가진 것인가? 눈도 아닌 눈썹이 그리 중요하단 말인가? 머리털은 다시 솟았는데 왜 눈썹은 나지 않는 걸까? 눈썹! 그것을 다시 솟아나게 하는 약은 없을까? 털이 솟아난다는 발모제를 사서 눈두덩 위에 가로로 길게 발라 봤지만 소용없었다. 한 번 빠진 눈썹은 다시 나지 않았다. 눈썹이 신경 쓰여서 나는 시내에 나갈 일이 있을 때마다 잊지 않고 꼭 성냥개비로 불을 댕겨 타다 남은 재로 눈썹을 그리곤 했다. 눈썹은 나의 가장 큰 고민거리였다.

소풍날도 눈썹을 그리고 나왔지만 오래가지 못했다. 유독 땀을 많이 흘리는 편이기 때문에 눈썹은 어느샌가 땀으로 지워지곤 했다.

"뭘 생각하고 있어요?"

아내의 목소리에 정신을 가다듬었다.

"아니요, 아무것도……"

"꼭 정신 나간 사람처럼 멍하니 앉아 있으니 제가 다 민망하네요."

"내가 그랬소?"

아내는 껍질을 벗긴 삶은 달걀을 내 앞에 내밀었다. 아내의 얼굴을 볼 때마다 불안하고 초조한 내 마음은 평온을 찾았다. 참 고마운 반려자였다. 아이들은 세상의 고통과 시름이 무엇인지 모른 채 저희들끼리 신나게 놀고 있었다. 그런 아이들의 모습을 볼 때마다 마음이 더욱 무거웠다. 나로 인해 아이들이 받는 피해가 더 이상 없어야 한다는 책임감에 숙연해지기도 했다.

그럭저럭 즐거운 하루였다. 아이들이 즐겁게 놀았으니 나도 기뻤다. 돌아오는 길에 상점에 들렀는데, 물건을 팔던 주인아저씨가 힐끔힐끔 나를 쳐다봤다. 나도 모르게 신경이 눈썹 쪽으로 쓰였다. 아무래도 그린 눈썹이 눈두덩이로 흘러내린 땀에 씻겨 또 엉망이 된 모양이다. 마음이 쓰렸다. 이 수치스러움을 언제쯤 벗어 본단 말인가?

6. 사회 복귀 준비 시절

사회 복귀의 꿈

아이들이 차츰 자라면서 내 마음은 더욱 무거워졌다. 사회에 나가 떳떳하게 살아야 한다는 부담감 때문이었다. 마음이 답답해서 견딜 수가 없었다. 똑같은 사람으로 태어나 왜 나만 소외된 생활을 해야 한단 말인가? 같은 영혼, 같은 몸을 지니고 사는 사람이 아닌가? 비록 병든 과거가 있지만 그것이 어쨌단 말인가? 병은 죄가 아니다. 병은 나으면 된다.

그런데 내가 앓은 병은 대체 무슨 병이기에 그 흔적이 이다지도 말썽이 된단 말인가? 얼굴에 화상을 입고 큰 상처 자국을 가진 사람도 떳떳이 살아간다. 팔이 하나 잘려 나갔어도 당당하게 살아간다. 다리가 없어도 멸시받지 않고 살아간다. 눈이 멀어도 목사가 되고 장로가 되어 존경받고 살아간다.

나는 단지 눈썹만 없을 뿐인데, 그 때문에 멸시받고 인간 사회에서 외면당해야 한단 말인가? 생각할수록 너무나 억울했다. 왜 유독 한센병만은 다 나아 깨끗한데도 용납해 주지 않는가? 사람에게 전혀 폐를 끼치지 않는데도 사람들은 왜 우리를 멀리하는가? 왜 똑같은 사람으로 대해 주지 않는 것인가? 병이 다 나았으니 병자 취급을 받아야 할 이유가 없지 않은가? 원통하고 분한 일이었다. 그러나 좌절할 수만은 없었다. 세상이 한센병에 대해 특히 음성인에 대해 갖고 있는 잘못된 인식을 바로 돌려야만 한다는 생각이 들었다.

그러려면 홍보와 계몽이 필요했고 나는 사회로 나가 이 일에 앞장서서 힘써 보리라 마음먹었다. 나는 자나 깨나 사회에 복귀할 방법을 궁리했다.

두 가지만 해결되면 가능한 일이었다. 첫째는 바로 눈썹이다. 내 몸은 튼튼한데 눈썹이 없으니 이 눈썹만 재생할 수 있다면 문제는 간단하게 해결된다. 눈썹을 재생하는 길을 찾도록 백방으로 노력해야겠다고 생각했다. 그리고 둘째는 경제적인 문제다. 당당히 자립해 사회에 복귀하려면 전세방이라도 얻을 수 있는 재정이 필요했다. 그리고 생업을 가져야만 했다. 이 일만 해결되면 자유인이 되어 사회에서 가족들과 마음껏 활개 치며 살 수 있었다. 우리 아이들은 '미감아'라는 말을 듣지 않고 살 수 있게 되는 것이다.

미감아. 누가 만든 말인가? 세상의 모든 아이들이 다 미감아인데 왜 이 말이 유독 한센인들의 자녀를 일컫는 고유명사처럼 인식되는 것인가? 병 따위에 아직 감염되지 않았다는 뜻을 가진 미감(未感)은 결코 한센인 자녀들에게만 해당되는 말이 아니다.

나는 눈을 감고 조용히 하나님께 기도했다.

"하나님, 두 가지 문제를 해결하도록 도와주옵소서! 이 눈썹과 경제적 문제만 해결되면 더욱 힘차게 주님 사업에 매진하겠습니다."

나의 꿈은 날개를 달고

지금까지의 수고로 얻어진 나의 재산은 겨우 돼지 2마리와 닭 500마리가 전부였다. 이것으로는 우리 가족 네 사람의 생활비를 벌기에도 힘에 부쳤다. 경제적인 기반이 있어야 사회 복귀가 가능하니 어떻게 해서든 재산을 늘려야 했다.

장사라도 해야겠다고 생각했지만 농장 사람들을 대상으로는 힘든 일이었다. 농장 사람들은 모든 생필품을 시내에서 구입해 왔다. 농장 안에 생필품 장사가 있어도 시내로 나가는데, 헐값이든 비싸든 시내에 나가 사야 직성이 풀리는 묘한 심리 때문이었다. 그래서 농장 안에서는 장사가 되지 않았다.

간혹 농장 밖의 사람들이 자동차에 물건을 싣고 와서 팔기도 하는데, 이 경우에도 농장 사람들은 그 물건을 잘 사곤 했다. 무엇 때문일까? 그들의 행동은 역시 스스로를 무시하는 일이 아닌가? 참으로 알 수 없는 세계였다.

나는 발을 좀더 넓게 딛고 싶었다. 건강한 사람들을 상대로 장사를 하고 싶었다. 비록 가진 것은 없어도 신용을 밑천으로 일을 크게 시작하고 싶었다. 새벽마다 나는 하나님께 간절히 기도했다.

"하나님! 나에게 길을 열어 주옵소서! 지혜를 주시고 무엇인가 할 수 있게 하옵소서!"

어느 날 아침, 교회에서 기도를 마치고 내려오는데 몹시 역한 냄새가 코를 찔렀다. 이른 새벽의 맑고 신선한 공기는 사라지고 가슴이 답답할 만큼 역겨운 냄새가 내 코를 후비고 들어왔다. 바로 닭똥 냄새였다. 날씨 탓이었다. 날씨가 흐리거나 바람이 일지 않는 날이면 냄새가 유독 심하게 났다.

여름철에는 더했다. 초여름 아침에 심한 닭똥 냄새가 코를 찌르기에 나는 교회 계단을 내려오다가 주위를 두리번거렸다. 맞은편 산허리에 눈길을 주었는데, 부옇게 안개 같은 것이 동산 허리를 덮고 있었다. 그곳에는 닭똥을 말려 퇴비를 만드는 공장이 있었다. 순간 머릿속이 반짝했다. 나는 허벅지를 손으로 치며 중얼거렸다.

"바로 이거다. 닭똥 장사를 시작하는 거야!"

갑자기 가슴이 쿵쿵 뛰었다. 마음 깊은 곳에서 어떤 간절한 의욕이 솟아오르면서 마구 떨렸다. 그날 아침 바로 김해로 출발했다. 김해 지역에는 작은 농장이 많았다. 채소 농사를 짓는 사람들과 과수원을 하는 사람들이 많기 때문에 그들을 찾아 볼 생각이었다. 종종 그쪽 지역 사람들이 우리 농장에 와서 닭똥을 사 갖고 가는 것을 본 일이 생각나 무작정 김해로 향한 것이다.

여러 농장을 방문해 사람들을 만나서 내 계획을 말했더니 좋은 반응이 나타났다. 진영 지역에도 단감밭이 많은 것을 생각하고 과수원을 찾아다녔다. 진영읍에 큰 농장이 있었다. 변호사 김○○ 씨의 농장이었다. 그곳에서 닭똥 열다섯 트럭을 주문받았다. 대단한 수확이었다.

그 다음 날도 계속 이 마을 저 마을을 찾아다녔다. 퇴비가 필요한 여러 곳에서 내 제안은 대환영이었다. 명지동(지금은 부산으로 편입되었음) 일대의 파밭과 대동면의 배추밭을 찾아다니며 주문을 받았다.

집으로 돌아온 나는 트럭을 구해 퇴비를 실어다 주었다. 수지가 맞는 장사였다. 이일은 삼자 유익이 되었다. 우리 농장은 퇴비가 소비되어서 좋고, 퇴비를 사들이는 여러 농장에서는 가만히 앉아 퇴비를 구입하게 되어 좋고, 또 나는 돈을 벌어 좋았다.

차츰 일이 잘 진행되면서 돈이 생기자 돼지를 더 사들였고 돈사도 넓혔다. 닭의 수도 늘렸다. 일 년이 지난 뒤에는 2.5톤 트럭을 구입해 기사도 채용했다. 본격적인 사업을 시작하기로 한 것이다.

날마다 새벽 4시에 일어나 새벽 기도회에 참석한 뒤, 6시쯤 집으로 돌아와 양계장과 돈사 일을 돌본 다음 7시에 집을 나섰다. 방방곡곡 열심히 뛰어다니면서 울산, 경주까지 사업 폭을 넓혀 나갔다. 주일을 뺀 모든 날에 정말 열심히 일했다. 참으로 다행인 것은 자본 없이 신용만으로도 사업이 확장될 수 있다는 점이었다. 하루하루가 바쁘게 지나갔고 몸은 고되었지만 마음만은 한없이 기뻤다. 날개를 단 나의 꿈이 끝없이 펼쳐지고 있었다.

마음이 가난한 부자

명지동에 사는 마음씨 고운 남자 배○○ 씨는 많은 논밭을 갖고 있었다. 그만큼 닭똥과 돼지똥을 많이 소모했기에 나는 그가 요구하는 대로 실어다 주었다. 한번은 점심식사 때가 되어 그가 나를 집으로 안내했다.

"때가 되었는데 식사를 하셔야지요."

그러나 나는 미안한 생각이 들어 대답했다.

"아니 괜찮습니다."

"허허 참! 같이 식사합시다."

"……."

배○○ 씨는 집안 사람들에게 밥상을 독촉했다. 그는 나를 절대 환자로 보지 않았다. 오히려 내가 미안할 정도로 아무런 구김살 없이 대해 주었다. 정말 고마웠다. 명지동에 갈 때마다 그에게서 융숭한 대접을 받다 보니 차츰 그에게는 거리감이 사라지고 친근감이 들었다.

가끔 그가 우리 농장에 오는 일도 있었는데, 농장 주민들을 꺼려 하거나 차별을 두는 일이 전혀 없었다. 배○○ 씨는 많은 것을 가진 대단한 부자였지만 가진 것으로 뽐내거나 교만하지 않았다. 한마디로 마음이 가난한 부자였다. 나는 그의 후원으로 명지동 일대에 닭똥과 돼지똥을 많이 팔 수 있었다.

배○○ 씨! 그는 내 평생 잊을 수 없는 고마운 사람으로 마음속에 남아 있다.

내 집이 마련되다

퇴비 사업은 예상보다 잘 풀려 나갔다. 경제적으로 안정이 되면서 돈이 조금씩 손에 들어오자 집을 마련해야겠다는 생각이 앞섰다. 나는 아내와 진지하게 의논을 했다.

"돈이 모아지는데, 당신은 먼저 무엇을 했으면 싶소?"

"내가 뭘 아나요? 당신이 원하는 대로 하면 따라갈 뿐이지요."

늘 그랬다. 아내는 언제나 내가 하는 일에 협조를 아끼지 않았다.

"나는 집을 마련했으면 하는데 어떻소? 아파트를 하나 장만합시다."

아내는 무척 놀란 듯한 표정을 짓더니 곧 얼굴 가득 웃음을 지으며 나를 바라보았다.

"그게 되겠어요?"

"티끌 모아 태산이라는 말도 못 들었소? 먼저 은행에 장기부금을 넣은 다음 차차 갚아 나가면 돼!"

"그럼, 그렇게 하시지요."

아내도 웃고 나도 웃었다.

다음 날 은행을 찾아갔다. 안내서를 보니 월 32,160원씩 납부하면 10년 만에 800만 원이 되는 융자부금 제도가 있었다. 매월 적립해 나가는 것이다. 천 리 길도 한 걸음에서 시작되고, 시작은 반이라 하지 않았던가. 그 융자부금에 가입했다. 이제 시작을 했으니 내 집 마련은 절반 이상 된 셈이었다.

1980년 7월 14일에 융자부금에 가입한 나는 이듬해 8월 대연동에 있는 20평 아파트를 구입했다. 은행에서 700만 원을 융자받고, 아파트를 전세 놓아 선금으로 받은 전세금으로 구입한 것이다. 별로 다른 돈을 끌어오지 않고 가볍게 아파트를 구입하였다.

돈도 없으면서 아파트를 구입했으니 기적 아닌가? 비록 그 아파트에 우리가 사는 것은 아니었지만 내 이름으로 등기가 되었으니 우리 집이 분명했다. 전세금만 돌려주고 비워 달라면 언제든지 아파트에 입주한 사람들이 나가고 완전히 우리 집이 되는 것이다. 빈손이었던 우리에게 집이 생겼으니 이 얼마나 놀라운 축복인가?

"하나님 감사합니다."

아이들의 고충

집을 마련했다는 사실을 알게 된 아이들은 신이 나서 야단이었다.

"아빠! 우리 언제 아파트로 이사하는 거야?"

들떠서 묻는 아이들에게 대답할 말이 없었다.

"아직 돈을 다 치르지 못했단다. 지금 살고 있는 사람이 돈을 많이 냈기 때문에 그 돈을 우리가 갚아 준 다음에야 이사할 수 있어."

"빨리 아파트로 이사 갔으면 좋겠다."

"그래, 언젠가는 이사하게 될 거야."

"그게 언젠데?"

"조금 더 기다려!"

나는 아이들이 너무 크게 기대하지 않도록 기다리라고 할 수밖에 없었다.

아이들이 농장에서 통학하는 일은 이제 익숙해졌으므로 별 문제가 없었다. 그러나 담임 선생님이 가정 방문을 오거나 아이들의 친구들이 자꾸만 집에 놀러오려 할 때는 여전히 난감했다.

담임 선생님이 가정 방문을 오는 날은 온종일 일을 접어 두고, 주민등

록상에 기재된 다른 이의 집에서 기다려야만 했다. 우리 집도 아닌 남의 집에서 손님을 기다리는 일은 여간 곤혹스러운 일이 아니었다. 이런 거북살스러운 일을 계속해야만 하는 걸까 회의가 들기도 했지만, 이렇게라도 아이들이 무사히 학교에 다닐 수 있도록 해야 하는 것이 현실이었다.

사회가 아직도 그릇된 인식을 하고 있었기 때문에 이런 속임수를 써야 했다. 그러나 과연 속임수를 써야만 하는 우리네가 잘못인지, 한센병에 대해 편견을 갖고 있는 사회가 잘못인지는 솔직히 잘 모르겠다. 참으로 안타까운 현실이었다.

집으로 친구를 데려오겠다는 아이들을 막는 부모의 마음도 무겁지만, 그 친구들을 따돌려야 하는 아이들의 마음은 얼마나 아플까? 다행히 아이들은 이제 그 문제에 대해 확실하게 인식을 했는지 친구들을 집으로 데려오는 일은 거의 없었다. 그러나 문제는 거기에서 끝나지 않았다.

1984년 4월 어느 날이었다. 나는 너무나 충격적인 사건이 있었던 그해를 결코 잊을 수가 없다.

하루 일과를 끝내고 집에 돌아왔을 때는 저녁 8시쯤이었다. 늘 집에 들어서면 가족들이 반갑게 맞아주는 즐거움에 하루의 피로가 싹 풀리곤 했는데 그날은 예외였다. 집 안에 들어섰는데도 아무도 반겨 주지 않았다. 나는 아이들의 이름을 크게 불렀다.

"경아! 석아!"

경이가 풀이 죽은 채 방에서 나왔고 아내도 근심에 짓눌린 얼굴로 나타났다.

"왜 그래! 석이는 어디 갔어?"

경이가 울먹거리며 말했다.

“석이가 아직 돌아오지 않았어.”

“뭐? 석이가 아직까지 집에 안 왔다고? 지금이 도대체 몇 신데 아직도 안 왔어!”

아내가 걱정 가득한 목소리로 한마디 던졌다.

“아무래도 무슨 사고가 난 것 같아요. 그렇지 않고야 이제껏 안 돌아올 리가 없는데…….”

가슴이 철렁 내려앉았다. 큰일이었다. 어둠이 깔렸는데 어린것이 지금 까지 어디서 무엇을 하고 있단 말인가? 온갖 방정맞은 생각이 다 들었다. 그와 같은 일은 그때까지 단 한 번도 없었다. 어쩌다 늦어도 30분 정도였 다. 아이들은 날마다 거의 정확한 시간에 귀가하곤 했다. 그런데 이게 어 찌된 일인가? 돌아올 시간이 무려 세 시간이 지나도록 석이에게는 소식 이 없었다.

나는 노루처럼 이리 뛰고 저리 뛰며 돌아다녔다. 동네 또래들에게 물 어봤지만 석이를 만난 아이들이 나타나지 않았다. 답답해서 견딜 수가 없 었다. 나의 모든 기대를 걸고 있는 석이, 나의 사랑하는 아들 석이에게 도 대체 무슨 일이 생긴 것일까?

어떻게 해야 좋을지 묘안이 떠오르지 않았다. 경찰서에 신고할까 하다 가 조금만 더 기다려 보기로 했다. 답답하고 초조한 채 시간만 계속 흘러 갔다. 9시가 넘어섰을 즈음 문 밖에서 조그만 소리가 났다.

“엄마!”

석이였다. 아내와 나는 누가 먼저랄 것도 없이 석이에게 달려 나갔다. 경이도 따라 나왔다.

“석아!”

아내는 아이를 와락 끌어안고 눈물을 터뜨렸다. 안도감과 함께 감격의 눈물이 나왔다. 마음을 가다듬고 석이에게 물었다.

"지금까지 어디에서 무엇을 했니?"

그러자 석이가 갑자기 더 큰 소리로 울기 시작했다. 온몸이 땀에 흠뻑 젖어 있었다. 꼭 비 오는 날 우비 없이 비를 다 맞은 아이의 모습 같았다.

"왜 이렇게 온몸이 젖었니?"

내가 다그쳐 묻자 석이가 천천히 마루로 올라갔다. 나는 다시 가볍게 꾸짖으며 조용히 말했다.

"늦으면 늦는다고 전화라도 해야지, 집에서 식구들이 기다리고 있는 것쯤은 아무리 나이가 어려도 알 것 아니냐?"

그러나 석이는 마루에 두 다리를 걸치고 앉더니 더욱 서럽게 울기만 할 뿐이었다. 황톳물에 밀려 둑이 터지면서 물이 쏟아지듯 석이의 슬픔이 한꺼번에 큰 울음으로 터진 듯했다.

"석아, 울지만 말고 말을 해야지?"

나는 석이를 달래며 대답을 유도했다. 답답해서 견딜 수가 없었다. 어린 석이에게 무슨 문제가 있었던 게 분명했다. 하지만 말보다 울음이 앞서니 옆에서 자꾸 다그칠 수가 없었다.

마침내 마음을 진정한 석이가 입을 열었다.

"아빠!"

"그래, 어서 이야기해 봐!"

"우리 시내로 이사 가면 안 되나?"

"갑자기 그게 무슨 소리야?"

"여기는 친구도 데려오지 못하고……."

석이는 초등학교 3학년, 그때 겨우 열 살이었다. 열 살짜리 어린것에게 도대체 무슨 일이 있었기에 그토록 얘기를 해 두었건만 또 친구를 집에 못 데리고 오는 일에 대해 불만일까?

"차근차근 이야기해 봐. 오늘 너한테 무슨 일이 있었는지 아빠에게 자세히 말해 봐."

조용히 석이를 구슬렸다. 석이가 눈물을 찔끔거리며 털어놓은 이야기는 이러했다.

학교에서 수업을 마치고 오는 길이었는데, 같은 반 친구 셋이 석이를 따라나섰다.

"석아, 너네 집이 어디냐?"

"좀 멀어!"

"같이 가서 놀았으면 좋겠다."

한 아이가 이렇게 말하자 다른 두 아이가 맞장구를 쳤다.

"그래, 그래!"

"왜? 안 되니?"

"……."

석이는 할 말이 없었다. 친구들을 집에 데려오지 말라고 아버지가 신신당부하지 않았다면 아무 생각 없이 데리고 왔을 것이다. 아무것도 모르던 1학년 때는 그랬다. 그러나 지금은 철이 조금 들어서인지 아버지의 근심 어린 얼굴이 생각났던 모양이다. 녀석은 1학년 때, 친구를 집에 데려왔다가 아버지가 몹시 당황하는 모습을 기억하고 있었던 것이다.

그래서 친구들을 피해 버스를 타려고 학교 주위를 몇 바퀴나 돌면서 간신히 친구들을 따돌렸지만 탈 수가 없었다. 어디에서 뭔가에 홀려 떨어뜨렸는지 주머니에 돈이 한 푼도 없었던 것이다. 하는 수 없이 석이는 그 먼 길을 터벅터벅 걷기 시작했다.

학교에서 집까지는 십 리가 훨씬 넘는 길이었다. 어른 걸음으로 걸어도 한 시간 반이나 걸릴 거리였다. 그런데 그 먼 길을 열 살짜리 어린 석이 혼자서 몇 시간 동안 걸어온 것이다. 아버지가 있고 어머니가 있는 집, 누나가 있는 따뜻한 집을 향해 울면서 걸었을 석이 모습이 머릿속에 그려졌다.

나는 석이를 와락 껴안았다. 목이 메이고 뜨거운 눈물이 계속 흘러내렸다. 나는 속으로 울부짖었다.

'오, 하나님! 이게 무슨 일입니까? 아직도 내가 더 감당해야 하는 고통이 있다면 소낙비처럼 나에게만 쏟아 주소서! 어찌하여 이 어린것이 견디기 어려운 고통을 감당해야 합니까?'

마음이 찢어질 듯 괴로웠다. 가슴속에서 치밀어오는 내 자신에 대한 분노를 견딜 수가 없었다. 못난 애비 때문에 철없는 어린것이 형벌을 받다니……. 나 자신이 너무 밉고 원망스러웠다. 이런 저주스런 삶이 싫었다. 산다는 것은 아름다운 것이다. 그런데 어째서 나는 이 아름다워야 할 삶이 고통과 견딜 수 없는 오열로 얼룩지고 있는가?

눈물을 참으며 밖으로 나갔다. 시야가 뿌옇게 흐려졌다. 나는 어딘가를 향해 무작정 걷고 있었다. 잠시 뒤 내 발이 멈춘 곳은 교회였다. 안으로 들어가 아무도 없는 조용한 예배당 의자에 앉았다. 눈물이 하염없이 흘러내렸다. 기도를 하려고 했지만 되지 않았다. 펑펑 솟아나는 눈물을 주체하지 못하고 눈물샘에서 눈물이 다 말라 버릴 때까지 멍하니 앉아 마음속으로 부르짖었다.

'사랑하는 주님! 저에게 눈썹을 주소서, 더 많은 돈을 주소서. 그리하여 사회에 나가 구김살 없이 살 수 있게 하옵소서. 더 이상 아이들이 저로 말미암아 눈물 흘리는 일이 없도록 하소서. 제 상처가 아이들에게까지 파급되지 않도록 막아 주옵소서!'

나는 똑같은 기도를 녹음 테이프처럼 계속 되풀이했다.

밤은 깊어 갔다. 그러나 내 정신은 흐려지지 않았다. 졸음 따위는 아예 근접하지도 않았다.

새벽종이 울리고 교인들이 하나 둘 모여들었다. 새벽 기도회가 시작되었다. 날마다 드리는 새벽 기도였지만 그날 새벽만은 달랐다. 성도들이 부르는 찬송이 가슴에 절절하게 와 닿았다. 세상에 대한 희망을 포기한 성도들이 오직 하늘의 소망만을 바라며 부르는 찬송 소리에 뜨거운 감동이 일었다. 나의 가냘픈 신앙이 가뭄에 비를 만나듯 생기를 얻고 있었다. 답답했던 가슴이 확 열렸다. 이른 봄 푸른 잎이 나오기 전, 하얀 꽃잎부터 터뜨린 목련화처럼 내 가슴이 꽃으로 환하게 피었다.

"하나님, 감사합니다."

머지 않아 나의 간절한 소원이 이루어질 것 같은 확신이 뜨겁게 가슴을 설레게 했다.

뜻이 있는 곳에 길이

1984년 5월 17일 소록도 개원 기념일에 모임이 있어 소록도를 방문했다. 전국 정착촌 청년연합회 임원과 부장들의 회의가 열린 것이다. 그때 나는 연합회 회장이었다.

이날 중요한 결의 사항은 8월 15일부터 열리는 제3회 전국 정착촌 청년연합회 집회에 대한 것이었다. '살아 움직이는 청년이 되자'라는 주제로, 전 국방장관이었던 김성은 씨와 박종화 목사 등을 주요 강사로 결정했다.

회의가 끝나고 돌아오는 길에 전주 P농장 B씨를 만나 반갑게 담소를 나누었다. B씨는 소록도에서 알게 된 친구였다. 그런데 놀랍게도 소록도에서는 분명 눈썹이 없었던 이 친구가 아주 근사한 눈썹을 갖고 있는 것이었다. 눈썹이 있으니 음성인 티가 전혀 나지 않았다.

"야 어떻게 그렇게 근사한 눈썹을 갖고 있니?"

줄곧 눈썹에 관심을 갖고 있다가 슬쩍 물었더니 그는 피식 웃으며 가볍게 대답했다.

"아직도 모르냐?"

"그게 무슨 말이야?"

"눈썹 이식수술을 정말 몰라?"

"눈썹 이식수술이라니?"

처음 듣는 말이었다. 나는 신기해서 침을 꿀꺽 삼키고는 다시 물었다.

"내 눈썹은 이식수술을 한 거야."

그러면서 친구는 눈썹 이식수술에 대해 자세히 설명해 주었다. 머리 뒤쪽의 머리카락을 떼어다가 눈썹에다 이식하는 것인데, 머리털처럼 자꾸 자라나는 것이 흠이지만 간수만 잘하면 원래 눈썹과 별반 차이가 없다는 것이다. 수술 성공률이 20퍼센트밖에 안 되는 게 흠이지만 한 번 해 볼 만한 일이라고 덧붙였다.

내 가슴은 마구 뛰었다. 집으로 돌아오는 길에 즉시 눈썹 수술하는 분을 찾기 시작했다. 넓은 세상이지만 마음먹고 찾아 나서니 단번에 만날 수 있었다. 그때 나는 또 한번 놀랐다. 눈썹 이식수술을 하는 그분 역시 한센병 환자였다. 외과의사 출신이 아니었던 것이다.

그분이 갖고 있는 수술 도구도 간단했다. 오랜 세월이 지난 아주 낡은 것이었다. 일제점령기 때, 일본 의사들이 실험용으로 사용하던 것을 물려받은 것이라고 했다. 나는 그분에게 기대를 걸었다. 드디어 수술하기로 한 날, 아내와 함께 차례를 기다렸다. 눈썹 수술을 받기 위해 여러 사람이 와 있었다. 한 사람을 수술하는 데 세 시간이 넘게 걸렸다. 이렇게 고생하면서 수술을 받아도 성공률은 20퍼센트밖에 안 된다니 딱한 일이었다. 특히 양성 환자는 절대로 안 된다고 했다. 또 어떤 사람은 음성인이었지만 모발이 살아나지 않아 고생만 심하게 했다고 한다.

그러나 눈썹을 되찾는 길이 달리 없었기 때문에 나는 20퍼센트의 성공률에 한 가닥 희망을 걸고 수술을 받기로 작정했다. 차례를 기다리면서 아내와 함께 기도를 올렸다.

"하나님! 이곳까지 인도하셨으니 꼭 수술이 성공하게 하소서. 이것이 저의 최대 소원이옵니다."

드디어 내 차례가 되었다. 수술하는 분에게 몇 번이나 부탁했다. 그분도 교회 집사였다.

"집사님! 저의 가장 큰 소원이 집사님 손에 달려 있으니 꼭 성공시켜 주십시오. 이 수술이 실패하면 제 꿈은 산산조각이 납니다. 성공하면 사회에 떳떳이 복귀해 보란 듯 살 것입니다."

"수술은 내가 하지만 성공하고 실패하는 것은 나의 소관이 아니고 하나님의 뜻이 아니겠습니까? 모든 것을 주님께 맡기십시오."

수술은 집사님 내외가 같이 했다. 많은 사람을 수술한 경험이 있어서인지 손 움직임이 서툴지 않고 민첩했다. 나는 아내의 무릎을 베고 바로 누워 있었고, 그분들은 뒤쪽 머리카락을 베어 하나하나를 한쪽 눈두덩 위에 심기 시작했다. 약 400개를 심어야 하는 참으로 정밀하고 힘든 작업이었다. 간혹 수술하는 집사님의 땀방울이 내 얼굴에 떨어졌다. 최선을 다해 심혈을 기울이고 있음이 느껴졌다.

드디어 수술이 끝나자 눈두덩이뿐만 아니라 얼굴 전체가 부어오르기 시작했다.

"얼마 동안 얼굴이 부어올라도 염려하지 마세요. 일주일 지나면 정상으로 회복됩니다."

그러나 집으로 돌아오면서 슬슬 걱정이 되었다. 얼굴이 한 짐이나 되는 것 같았다. 만약 얼굴의 부기가 빠지지 않으면 어쩌지? 눈썹이 없는 정도의 문제가 아니라 사람들 앞에 영영 얼굴을 내밀 수 없게 될 것이 아닌가? 그러나 나는 모든 것을 하나님께 맡기고 믿음으로 밀고 나가자 마음먹었다. 그러자 마음이 평안해졌다. 하나님을 믿는다는 것이 이렇게 좋고 마음 편한 것인지 미처 몰랐다.

한 달쯤 지나 거울을 보니 눈썹이 있는 건강한 사람의 모습이 나타났다. 참으로 신기한 일이었다. 얼굴의 부기는 빠진 지 오래였고 새까만 눈썹을 가진 건강인의 얼굴이 거울에 비치고 있었다. 내가 내 얼굴을 보면서도 전혀 딴 사람을 보는 것 같았다. 한센병을 앓기 전의 내 얼굴로 돌아온 것이다. 그때는 어렸을 때라 내 모습이 확실하게 떠오르지는 않지만 지금 거울에 비친 나의 모습은 건강한 보통 사람의 얼굴이었다. 꿈같은 일이 현실로 이루어진 것이다. 이 얼굴을 얼마나 동경하며 기다려 왔던가? 이제는 어디에 가도 멸시나 천대의 눈총을 받지 않아도 된다. 하늘을 훨훨 날아갈 것만 같았다.

"오, 하나님! 감사합니다."

그런데 두 달이 지난 어느 날 아침, 세수를 하는데 대야 안에 검은 머리카락 같은 게 둥둥 떴다. 왠지 눈썹이 빠지는 듯한 느낌이 들어 가슴이 철렁했다. 깜짝 놀라 방으로 뛰어들어가 거울을 보았더니 이게 어찌된 일인가? 눈썹이 절반쯤 빠져 버린 것이 아닌가? 가만히 눈썹에 손을 댔더니 눈썹이 힘없이 무너져 내렸다. 이식수술이 실패한 듯했다. 하늘에서 땅으로 뚝 떨어진 것같이 아찔한 느낌이 들었다. 온몸에서 타이어 튜브 바람 빠지듯 피시식 힘이 빠졌다. 다리까지 부들부들 떨렸다.

"모든 것은 끝났다."

땅을 치고 통곡이라도 하고 싶었다. 자꾸만 눈물이 흘러내렸다. 견딜 수가 없어 바로 수술을 담당했던 집사님께 전화를 걸었다.

"집사님, 수술이 실패했습니다. 눈썹이 절반쯤 빠져 버렸습니다."

그러자 수화기 저편에서 집사님의 카랑카랑한 목소리가 들려왔다.

"이 집사님, 너무 실망하지 마시고, 밝은 곳으로 가서 거울을 자세히 들여다보십시오. 빠진 곳에 모발이 남아 있는지 없는지 잘 살펴보세요."

"예, 잠깐만 기다리세요."

수화기를 내려놓고 거울을 들고 밖으로 뛰어나갔다. 눈썹 주위를 자세히 살펴보았더니, 눈썹이 빠진 곳에 검은 모발이 그대로 남아 있는 것이 아닌가! 뛸 듯이 기뻤다. 수화기를 다시 들고 들뜬 목소리로 말했다.

"집사님, 모발이 남아 있습니다."

"됐습니다. 아무 염려하지 마십시오. 2개월 정도 기다리면 눈썹이 다시 올라올 것입니다."

"감사합니다. 정말 감사합니다."

그 뒤로는 하루에도 몇 번씩 거울을 들여다보는 일에 시간을 많이 소모했다. 기다리는 것은 참으로 지루한 일이었다.

한 달이 지나자 놀라운 일이 일어났다. 이른 봄날 화단에 새순이 돋아나듯 눈썹이 다시 솟아오르고 있었다. 석 달이 지나면서는 정상적인 눈썹 모양을 이루었다. 내 마음은 다시 날아오를 것처럼 가벼웠다. 정상적인 눈썹보다 너무 많이 자라는 것이 조금 귀찮았지만, 그것마저 감사했다. 적당한 때마다 가위로 눈썹 다듬는 일을 게을리 하지 않았다. 하루는 거울 앞에서 가위로 눈썹 고르는 내 모습을 본 석이가 한마디 던졌다.

"아빠는 왜 눈썹을 가위로 자르는 거야? 눈썹이 없다가 생겼으니까 자주 손을 봐야 하나?"

웃음이 피식 나왔다. 참으로 오랜 세월을 기다려 겨우 얻은 눈썹이었다. 내게는 소중하게 간수할 수밖에 없는 보물인 셈이다. 사람들에게 저마다 귀한 것이 많겠지만 내게 있어 눈썹은 세상 그 어떤 것보다 귀한, 빼놓을 수 없는 귀중품이었다.

시내 이발소에 들어갔다. 나를 이상하게 쳐다보는 사람이 아무도 없었다. 음식점에 들어가 주문할 때도 누구 하나 이상한 눈길을 주지 않았다. 신기한 일이었다. 도대체 눈썹이 무엇이기에 눈썹이 있고 없음의 차이가 그렇게도 큰 것일까?

나는 오랜 세월 형무소에 있다가 출소한 사람처럼 온종일 자유롭게 시내를 누볐다. 어떤 가게에 들어가도 나를 예전처럼 유별난 시선으로 바라보는 사람이 없었다. 완전히 건강한 사람이 된 것이다. 나는 자유인이 된 것이다. 이제는 어디에서든 살 수 있고 가족들에게도 누를 끼치지 않게 되었다.

"하나님, 감사합니다. 제 기도를 들어주시고 사회 복귀의 꿈이 실현되게 하시니 정말 감사합니다."

7. 이상과 현실의 갈등

새빛선교단 창단

작은 힘이지만 나도 주님을 위해 일하고 싶었다. 그래서 무엇을 어떻게 할지를 생각하며 기도했다. 나는 평소 음악에 관심이 많고 취미가 있었다. 소질도 조금 있었다. 생각 끝에 음악으로 활동하는 선교단을 만들어야겠다고 결심을 굳혔다. 목사님과 장로님들에게 내 의견을 알리고 동의를 구했더니, 모두 해 보라고 했다.

우선 음악에 소질과 취미가 있는 대학생 다섯 명을 나름대로 선발했다. 클라리넷, 베이스, 기타, 전자 오르간, 드럼 연주자 각 한 명씩이었다. 나는 색소폰을 잡았다. 거금 280만 원이나 들여 악기를 구입했다. 우리 교회 각 기관에서 후원해 주었고, 여선교회에서는 후원회까지 결성했다. 음악 선교회의 명칭을 '새빛선교단'이라 하고 창단 공연을 준비했다. '늘 노래선교단'을 운영하는 유의신 목사님에게 자문도 구했다. 우리 대원들은 수시로 연습실에서 연습하며 지도를 받았고 각 분야별로 시내에 사는 전문가들을 찾아가 개인 지도도 받았다. 그것은 쉽지 않은 일이었다.

막상 시작하고 보니 당황스러운 일이 한두 가지가 아니었다. 막막할 때도 있었고 괜스레 시작한 것 같아 후회하는 마음도 들었다. 열성만으로 이끌어 나가기에는 너무 힘든 작업이었다. 하지만 나는 낙심하지 않았다. 이미 시작한 일이기에 부딪히는 어려움과 문제점들을 점검하고 보강하면서 하루하루 힘차게 밀고 나갔다.

드디어 창단 발표회를 하게 되었다. 1982년 9월 12일, 우리 교회에서 첫 공연을 가졌다. 1부에는 예배를 드렸고, 2부 발표회에는 찬양 7곡과 나의 색소폰 독주가 있었다. 발표회를 마치자 반응이 좋았다. 나는 무엇보다 하나님께 영광이 돌아간 것 같아 기뻤다.

내가 감히 이런 선교단을 조직하게 될 줄은 꿈에도 생각하지 못했었다. 늘 소외된 자리에서 그림자 생활을 하던 사람이 노래 선교단을 창단하여 수많은 성도들 앞에서 발표회를 하다니 감격스러울 뿐이었다.

앞으로 새빛선교단은 정착촌 교회뿐만 아니라 전국 방방곡곡에 있는 교회에서 찬양할 것이다. 하나님께서 나를 통해 하시고자 하는 일을 차근차근 이루어 나갈 것이다. 내게 은혜를 주신 하나님께서는 그 은혜와 풍성함을 만인에게 증거하기를 원하신다. 암울했던 시절에 내게 섭리하셨던 하나님의 역사를 사람들에게 알림으로써 하나님께 영광을 돌릴 것이다.

새빛선교단은 시내 교회와 정착촌 교회 행사 때도 종종 찬양하며 연주했다. 여수 애양원교회에 가서 연주할 때 우리는 성도들에게 뜨거운 환영을 받았다. 새빛선교단을 맞은 성도들은 모두 기뻐했고, 찬양을 듣고 난 뒤에는 선교단의 앞날을 위해 기도해 주었다. 또 그들은 여러 면으로 후원도 잊지 않았다. 비록 힘들고 어려운 일을 시작했지만 하나님께서 기뻐하시는 일이라 생각하니 가슴 뿌듯하고 힘이 솟았다.

한센병 계몽의 기회

선교단 활동을 시작하면서 더 많은 사람들을 접촉할 기회가 생겼다. 사람들을 많이 만나게 되자 자신감도 생겼는데, 이를 계기로 나는 한센병에 대한 계몽에 적극 나서야겠다고 마음먹었다.

기회가 허락되는 대로 부산 시내 큰 교회 청년들과 유대를 돈독히 하기 위해 그들을 우리 교회에 초청해서 함께 예배하며 친교를 맺었다. 그러면서 우리들의 실상을 설명하고 자연스럽게 한센병 계몽도 같이 하게 되었다. 한센병은 일반인들이 생각하는 것처럼 무서운 병이 아니며 지금은 치료하면 흔적도 없이 낫는다는 사실을 알렸다. 약이 개발되어 쉽게 구할 수 있고, 또 일종의 피부병으로 간주된다는 것을 설명했다.

통합 측 부산노회 청년연합회 헌신예배를 부산 영락교회에서 드릴 때 참석한 적이 있는데 그때 감전교회 청년회장을 만났다. 나는 그에게 감전교회 청년회가 우리 교회를 한 번 방문해 줄 것을 부탁했다.

"좋습니다. 우리 청년회 임원들과 상의해 바로 통지하겠습니다."

며칠 뒤 감전교회 청년회장에게서 청년부 회원들과 함께 우리 교회에 방문한다는 연락이 왔다. 그날을 기다리며 우리 교회 청년회에서는 손님 맞을 준비를 했다. 참석 인원을 확인하고 계란 300개와 사이다 60여 병을 준비했다.

약속한 주일 오후, 감전교회 청년들이 우리 교회에 찾아와 함께 예배를 드렸다. 예배를 마친 뒤에는 그들을 별관에 초청해 자리를 만들고 삶은 계란과 사이다를 내놓았다.

그런데 누구 하나 삶은 계란에 손을 대지 않았다. 모두 서로 얼굴만 바라볼 뿐 아무도 선뜻 먹으려 하지 않았다. 감전교회 청년회장이 민망했던지 입을 열었다.

"여러분, 이곳 농장에 사는 주민들은 병이 완치된 음성인들입니다. 음성인이란 한센병에서 나은 사람입니다. 또 한센병은 전혀 전염성이 없습니다. 그러니 이분들과 접촉해도 아무 탈이 없습니다. 안심하고 준비해 주신 음식을 먹읍시다."

그러나 여전히 납득이 안 되는 듯 모두 어색한 표정만 짓고 있었다. 그때 김성숙 선생이 나섰다. 그녀는 한센병을 앓지 않은 건강인으로서 2년 전부터 우리 교회에 출석하고 있었다. 그리스도의 박애정신으로 교회에 헌신적으로 봉사하고 있는, 얼굴과 마음뿐 아니라 모든 행동이 아름다운 여성이었다. 그녀는 우리 교회 청년회 부회장을 맡아 청년회 일은 물론 유치부 교사로도 열심히 봉사하는 모범 청년이었다.

이러한 김성숙 선생이 감전교회 청년들 앞에 나섰다. 그녀는 한센병 음성인의 손을 직접 잡고 회원들에게 보여 주며 소리쳤다.

"여러분, 나는 이곳에 2년 넘게 있으면서 이분들과 조금도 거리낌 없이 지내고 있습니다. 그러나 아무런 일도 없었습니다. 다 같이 맛있게 먹고 함께 어울려 지냅니다."

김성숙 선생은 먼저 계란 껍질을 까서 그들이 보는 앞에서 먹었다. 지

켜보고 있던 감전교회 청년회장도 계란 하나를 집어서 까먹었다. 그러고
는 마음 놓고 사이다를 마셨다. 그제야 모두들 덩달아 계란을 집어 까기
시작했다. 순식간에 계란이 바닥났고 이후에는 함께 어울려 복음송을 부
르며 즐거운 시간을 보냈다.

친교의 시간이 끝난 뒤에는 다 함께 바닷가로 나갔다. 오륙도가 눈앞
에 보이는 바닷가에서 자연을 감상하며 하나님의 은혜에 감사했다. 그리
고 그들과 아쉽게 헤어졌다.

그 뒤 감전교회와 자매결연을 맺게 되었다. 감전교회 김은곤 목사님이
청년들의 이야기를 듣고 우리 교회를 방문하셨다. 자주 왕래가 오가던 어
느 날, 감전교회 성가대와 당회원들에게서 초청이 왔다. 저녁식사를 준비
했으니 일찍 오라는 전화 연락이었다. 우리 상애교회로서는 놀랍고 감격
스러운 일이었으나 장로님들은 모두 주저했다. 그러나 식사까지 준비해
놓고 기다린다는데 안 갈 수가 없었다. 우리는 너무 주저하고 망설이는
것도 예의가 아니기에 다 같이 출발했다.

오후 5시에 감전교회에 도착했더니 목사님과 장로님들, 청년들이 기다
리고 있었다. 우리 교인들은 정성껏 준비한 맛있는 음식을 대접받았다.

성가대원들은 음식을 준비한 여청년들과 여집사들과 함께 동석했고
또 다른 상은 목사님과 장로님들이 같이 식사하도록 마련되어 있었다. 우
리 교회 장로님들 가운데는 외모상으로 한센병을 앓았던 흔적이 많이 남
아 있는 분들도 있었는데, 그들은 조금도 거리감을 두지 않고 같은 상에
앉아 음식을 나누었다.

'형제가 연합하여 동거함이 어찌 그리 선하고 아름다운고. 머리에 있
는 보배로운 기름이 수염 곧 아론의 수염에 흘러서 그 옷깃까지 내림 같

고, 헐몬의 이슬이 시온의 산들에 내림 같도다. 거기서 여호와께서 복을 명하셨나니 곧 영생이로다'(시 133:1-3).

감전교회는 우리들을 그리스도의 사랑으로 따뜻하게 영접하고 애찬을 함께 나누어 주었다. 이 일은 우리 교회가 생긴 이래 처음 있는 일로 오래도록 기념될 만한 사건이었다. 그 뒤 나는 더욱 힘을 얻어 더 열심히 한센병 계몽을 위해 분주히 활동했다.

부산 시내 여러 교회 청년회, 찬양대 등과 연락하고 그들을 초청하여 함께 예배를 드리고 한센병 계몽 홍보를 했다. 우리 교회 청년회도 통합 측 부산노회 청년연합회에 정식으로 가입한 뒤 모든 행사에 적극 참여했다. 당시 청년연합회 회장은 현재 CBS 제주 국장인 임현모 장로님이었다. 임 장로님은 우리 교회 청년회 헌신예배에도 참석하여 격려해 줄 만큼 한센인 형제와 늘 가까이하며 많은 격려를 아끼지 않았다.

몇 해 전, 2001년 6월 12일에 CBS 제주 방송국 개통식이 있었다. 나는 상애교회 목사님과 장로님, 권사님 21명과 함께 참석했다. 그동안 임 장로님이 어려운 지역에서 방송국을 세우기까지 많은 어려움을 겪고 극복하는 모습을 지켜보았다. 그날 임 장로님은 CBS 제주 방송국을 설립하기까지 부인 김금난 권사님의 기도가 큰 도움이 되었다며, 참석한 많은 분들에게 감동적인 이야기를 들려주기도 했다.

시간이 갈수록 부산 시내 교회 청년 회원들은 우리와 유대를 가지며 친근한 교류를 갖게 되었고 나는 무슨 모임이든지 빠짐없이 참석하며 열심히 활동했다. 그래서 나는 부산 청년연합회에서 감사패를 받기도 했다. 그때부터 더욱더 한센병 계몽을 내 평생 사명으로 여기고 활동했고, 지금도 그 활동은 계속되고 있다.

C동 지역 교회 청년연합회

C동에는 교회가 많다. 1983년에 교회 수는 모두 8개였다. 나는 산 넘어 C동의 교회 청년회와 연합회를 조직하고 싶었다. 일반 교회와 유대 관계를 가지면서 건강한 사람과 구별 없이 교제하기를 바랐기 때문이다.

우리에게는 교파가 필요 없었다. 애초부터 교파는 명성 높은 목사님과 장로님들이 만든 것이고 우리 평신도들은 그저 따를 뿐이다. 그러니 우리 청년들의 연합에 교파 문제는 전혀 걸림돌이 아니었다.

나는 C동의 각 교회 청년회장들을 우리 교회에 초청해 연합회를 조직하자고 제안했다. 나의 취지를 듣고 모두가 찬성해 1983년 1월 창립총회를 C동 B교회에서 열기로 합의했다. 통합 측 두 교회, 고신 측 두 교회, 합동 측 두 교회, 순복음 측 한 교회, 기장 측 한 교회 등 교파를 초월해 여러 교회의 청년들이 하나의 연합회를 조직했고 내가 초대 회장으로 선출되었다.

먼저 C동 지역 복음화 운동에 청년연합회가 앞장서기로 하고 몇 가지 중요한 결의를 했다. 길거리 복음전파와 체육대회, 각 교회에 모여 헌신 예배를 드릴 것 등이었다. 이 모든 결정은 어려움 없이 척척 진행되었고 그때마다 나는 농장 청년 회원들에게 열등의식에 빠지지 말고 용감하게 친교하기를 당부했다. 그리고 연합사업에 힘을 기울였다.

7년이 지난 1989년 12월 30일, C동은 교회 수가 20개로 불어났고, 청년 회원들도 늘었다. 그리고 C동 주민과 농장 주민 사이에 가로막혀 있던 산이 하나 허물어졌다. 몹시 멀고 아득했던 마음의 거리가 꽤 가까워졌다. 사람들은 서서히 농장 사람들을 이해하게 되었다. 서로 협조가 이루어지고 있었던 것이다.

한센병에 대한 인식도 많이 계몽되어 달라졌다. 그런데도 문제는 여전히 남아 있었다. 그중 하나가 바로 한센인 2세들의 결혼 문제다.

2세들의 결혼 문제

예부터 우리나라 사람들은 결혼할 때 가문을 보고 족보를 따지고 궁합을 보는 것이 하나의 생활철학으로 굳어져 있다. 그래서 자녀들의 혼삿길까지 가로막는 일이 많이 생긴다.

우리 교회 청년 회원은 약 80명인데 그 가운데 20명은 한센인 2세로서 원래부터 건강한 사람들이고 나머지 60명은 치료를 끝낸 음성인들이었다. 그런데 한센인 2세 중 처녀들은 총각들보다 훨씬 불리한 위치에 있었다. 총각들은 사회 활동을 하다가 마음에 맞는 여자와 사귀어 결혼에까지 성공하지만 처녀들은 달랐다. 스스로 앞장설 수는 없고 대부분 남자에게 끌려 다니는 처지라 마땅한 상대를 구하기가 어려웠다. 안타까운 현실이었다. 학벌이 없는가, 다른 사람들보다 인물이 못한가. 다만 한센인 2세라는 피할 수 없는 오점 때문에 그들은 기가 죽어 있었다.

연합 헌신예배가 있을 때마다 시내 교회의 아가씨들과 비교해 보면 우리 교회 처녀들이 훨씬 아름답고 돋보이는데도 탐스러운 신부감이 되지 못하는 것은 참 슬픈 일이었다. 이렇게 아리따운 우리 농장 처녀들이 부모가 과거에 앓았던 병 때문에 떳떳하게 혼담을 할 수 없다니, 가슴이 아팠다. 어쩌다가 건강한 사람과 마음이 통해 결혼을 약속하면 반대하는 상대 부모를 간곡히 설득한 끝에 겨우 결혼식을 올리게 되는 형편이었다.

어느 토요일 오후였다. 농장에 있는 천주교회 앞을 지나가다가 세례명이 요셉인 한 청년을 만났다. 요셉은 내게 급하게 청했다.

"오늘 결혼식이 있는데 오르간 반주할 사람이 없어. 이 형이 도와주오!"

"나는 오르간을 잘 못 치는데……."

"아니 내가 다 아는데, 악기를 다룰 줄 알면서 오르간 칠 줄 모른다고 해서야 말이 되나, 자 빨리 들어가세."

요셉 청년은 나를 떠밀다시피 교회 안으로 데리고 들어갔다. 막 결혼식이 시작되려던 참이었다. 할 수 없이 오르간 의자에 앉아 성가집을 펼쳐 지정해 준 곡을 연주했다. 다행히 별 어려움 없이 소화할 수 있었다. 축송 시간에는 한 아가씨가 아름다운 목소리로 노래를 불렀다.

결혼식이 끝난 뒤 축송을 부른 아가씨와 이야기를 나누게 되었다. 그녀는 교육대학을 졸업하고 초등학교에서 교편생활을 하고 있었다. 아버지가 한센병이 들면서 가족 전부가 부득이하게 농장에 들어와 생활하면서 힘들었지만, 지금은 잘 적응해 어려움 없이 지낸다고 말했다. 집에서는 조그만 가게를 운영하고 있었고, 성격도 활달하고 교양 있는 미모의 여성이었다.

그녀를 우연히 다시 만난 것은 시내에서였다. 차를 몰고 천천히 길을 가다가 보도 위에 낯익은 그녀가 걸어가고 있는 것을 보았다. 분명히 학교에서 학생들을 가르치고 있어야 할 시간인데 거리를 걷고 있으니 이상했다. 나는 그녀 가까이로 차를 몰고 가 세웠다.

"K 선생님!"

내가 반갑게 부르자 그녀는 몸을 옆으로 돌려 나를 바라보았다. 왠지 수심에 가득 찬 얼굴이었다. 전에 그녀에게서 느꼈던 활달하고 밝은 모습은 어디론가 사라지고 없었다.

"웬일이세요? 이 시간에 학교에 출근하지 않고 길에서 만나다니?"

그녀는 나를 보는 순간 두 눈에 고여 있던 눈물을 와락 쏟고 말았다.

"이 집사님!"

"이런! 길에서 이럴 것이 아니라 저기 다방에라도 들어가서 사연을 들어 봅시다."

그녀는 나를 따라 다방에 들어왔다. 차를 시켜·놓고 울먹이는 그녀에게 조용히 물었다.

"K 선생님, 무슨 일인지 이야기해 보세요. 제가 도울 수 있는 일이라면 힘이 되어 드리겠습니다."

그녀가 털어놓은 사정은 이러했다. 대학 시절 남자친구를 사귀었단다. 서로 가깝게 지내면서 사랑을 나누었고, 학교를 졸업한 뒤에는 남자 쪽에서 청혼을 해 왔다.

"결혼은 중대한 문제이기 때문에 양쪽 부모의 허락이 필요했어요."

"물론 그렇지요."

그녀는 남자의 간청에 못 이겨 남자 부모를 만나 인사를 드렸다. 그녀도 그 남자가 좋았던 것이다. 그러나 결혼할 상대라면 배우자의 가정형편을 바로 알아야 한다고 생각했기에 그녀는 어느 날 마음먹고 그 남자에게 자신의 집안 사정을 이야기했다.

"아버지가 한센병을 앓으셨다가 다 나았어요. 그러나 밖에서 살지 못하고 정착촌 농장 안에 살고 있어요."

그녀는 용기를 내어 숨기고픈 가정환경까지 다 털어놓았다. 남자는 워낙 그녀에게 빠져 있었기 때문에 조금도 언짢은 모습을 보이지 않고 오히려 그녀를 따뜻하게 감싸며 말했다.

"부모가 병든 것이 뭐가 문제가 되나. 우리 두 사람이 서로 사랑하고 아껴 주면 되지."

"……."

"그럼 농장에 가서 부모님을 먼저 만나 보도록 하지!"

그녀는 남자를 집으로 데려가 부모님께 소개했다. 그리고 남자는 그녀의 부모를 만난 뒤에도 태도가 조금도 변하지 않았다. 그런 남자에게 더욱 호감을 느낀 그녀는 결국 결혼까지 꿈꾸게 되었다. 남자도 그녀에게 자주 말하곤 했다.

"어떤 일이 있어도 나는 당신과 결혼할 거야."

한 달이 지났다. 남자의 사랑은 여전했지만 그녀는 남자의 부모님이 자신을 며느리로 받아 줄지 걱정이 되었다. 그러나 그녀가 걱정하면 할수록 남자는 자신 있게 말하곤 했다.

"우리 부모님은 많이 배우신 분이라 그쯤은 충분히 이해해 주실 거야."

그래도 정식으로 부모님께 허락을 받아야 하기에 그녀는 말했다.

"내일이라도 부모님께 이야기하고 양해를 구해 봐요."

"그래. 문제없어!"

그런데 다음 날 남자는 전에 없이 시무룩한 표정으로 나타났다. 그녀는 다그쳐 물었다.

"어떻게 되었어요? 부모님이 뭐라고 하세요?"

"어머니가……."

"어머니가 뭐라고 하셨는지 어서 말해 봐요!"

"펄쩍 뛰면서 죽어도 결혼은 안 된다는 거야. 하지만 나는 당신과 결혼하고 말겠어!"

불안해하던 그녀는 마침내 이루어질 수 없는 사랑으로 끝나 버릴 징조를 직감했다.

"부모님이 반대하는데 어떻게 결혼할 수 있겠어요?"

그녀는 남자에게 한마디 던지고 돌아섰다고 했다.

이야기를 듣고 있는 내 눈에서도 눈물이 흘러내려 앞이 뿌옇게 흐려졌다. 어디 조용한 곳에 가서 목 놓아 실컷 울고 싶었다. 하늘을 향해 소리라도 지르고 싶었다.

그녀는 배울 만큼 배운 초등학교 교사다. 인물이 못난 것도 아니고 병든 것은 더욱 아니다. 그런데 왜 남자의 어머니는 그녀와의 결혼에 펄쩍 뛴 것일까? 그렇게 머리 좋고, 인물 좋고, 성격 온순하고, 활달하고 나무랄 것 하나 없는 참한 규수를 찾으려 해도 만나기 어려울 것이다. 뒷날 그 남자가 어떤 여자와 결혼했는지 모르지만 그녀보다 더 나은 상대와 결혼했다고는 믿고 싶지 않다.

나는 마음을 가라앉히고 K양을 다독이며 말했다.

"K 선생님! 너무 절망하지 말아요. 시간이 지나면 다 해결이 됩니다. 그렇다고 학교에 안 나가서야 되겠습니까? 직장은 또 하나의 생업이 아닙니까? 사람에게는 한 가지 길만 있는 것이 아닙니다. 여러 갈래 길이 있어요. 지금 당장은 그 남자와 결혼하는 길만이 행복이라고 생각되겠지만 세월이 지나고 보면 더 좋은 길도 있을 걸요. 우리는 신이 아니고 인간이기에 실패도 있고 좌절도 있는 것입니다. 그때 넘어지지 않고 다시 일어서는 용기, 이것이 지성인의 일이요, 인간의 정도가 아니겠어요?"

내 말이 그녀에게 얼마나 위안이 되었는지는 모를 일이다. 그녀와 헤어진 뒤로 한동안 우울한 마음이 가시지 않았다. 그것은 그녀 한 사람의 일이 아니라 우리 농장 2세들 모두의 일이었기 때문이다. 훗날 다른 사람에게서 그녀가 어느 선장과 결혼해 잘 살고 있다는 소식을 전해 들었다. 그녀가 어디에서든 행복하게 잘 살기를 마음으로 기도했다.

우리 사회는 언제쯤이나 한센인 2세들을 자유인으로 용납할 것인가? 그들에게 아무런 걸림돌 없는 미래가 언제쯤 펼쳐질 것인가?

"오 하나님, 도와주옵소서!"

다시 찾아간 소록도

1984년 12월 20일, 새빛선교단 단원 다섯 명을 데리고 소록도를 방문했다. 찬양을 준비하고 과일 여덟 상자를 마련해 위문 공연을 떠난 것이다. 절망을 안고 처음 소록도에 찾아갔던 어린 시절이 떠올랐다. 이제 건강한 사회인이 되어 보람된 일을 만들어 가니 감개무량했다. 같은 녹동이요, 같은 바다 위를 배 타고 가는 길이지만 세월의 강물이 흐른 뒤라 생각이 다르고 발걸음이 달랐다.

소록도는 이전의 분위기와 사뭇 달랐다. 거리에서 만나는 사람마다 병약하고 노쇠한 사람들뿐이었다. 건강해 보이는 젊은이는 거의 없었다. 모두 사회로 나가거나 삶의 터전을 찾아 정착촌으로 떠나간 것이다.

맹인 센터에 들렀다. 늘 밤과 낮이 따로 없는 캄캄한 어둠 속에서 사는 외로운 사람들. 그들을 한자리에 모이게 하여 위문 공연을 했다. 그리고 손발이 없고 활동하기에 어려움이 있는 약한 사람들을 양지회관에 모아 과일을 나누며 위문 공연을 했다. 새빛선교단 단원들은 소록도의 슬픈 모습을 보고 모두 놀라는 기색이었다. 세상에 이들처럼 약하고 힘없는 사람이 또 있겠는가? 그들을 위로하고 찬양을 통해 함께 호흡한다는 것은 보람 있는 일이었다. 단원들의 얼굴이 아침 햇살처럼 환해졌다.

소록도는 예전과는 비교가 되지 않을 만큼 많이 발전해 있었다. 병원에 입원한 환자들에게도 부식과 식사가 잘 나왔다. 언제든 치료실에 들어가 치료를 받을 수도 있었다. 이곳에 근무하는 간호사들은 모두 자원봉사자들이어서 원생들은 거리감 없이 한집안 식구들처럼 치료를 받았다. 전에는 꿈에도 생각할 수 없었던 일이다. 그때는 건강인 간호사는 외국인 수녀 두 분뿐이었다.

우리는 중앙공원 앞을 걸어가고 있었다. 우리 앞을 지나가는 승용차가 있어 그 안을 무심코 들여다보았더니 수녀님 두 분이 앉아 있었다. 오스트리아에서 온 마리안느 수녀님과 마가렛 수녀님이 분명했다. 세월이 흘러 기억조차 희미하지만 직감적으로 그분들임이 느껴졌다.

두 분은 아직까지도 이곳에서 봉사하며 살고 있었다. 꽃 같은 젊음을 자신을 위해 사용하지 않고 불쌍한 환우들을 위해 희생하고 봉사하는 수녀님들은 분명 하나님께서 보내신 이 땅의 아름다운 꽃이었다. 낙엽처럼 지는 아름다운 꽃잎이지만 곧 열매로 익어 가는 하늘의 천사들.

수녀님의 초청으로 수녀님 댁을 처음 방문하게 되었다. 수녀님은 이제껏 천 명의 어린 학생을 치료해 주었는데, 이렇게 건강한 위문단을 이끌고 온 사람은 내가 처음이라며 대견스럽다고 칭찬해 주셨다.

일곱 개 부락을 한 바퀴 빙 둘러보았다. 무더운 여름이 지난 뒤 텅 빈

해수욕장 가건물들처럼 집들마다 텅텅 비어 있었다. 돈사며 계사도 폭삭 내려앉고 황폐하게 버려져 있었다. 그 많던 원생들은 다 어디로 가고 지금은 천5백여 명밖에 남아 있지 않았다. 쓸쓸한 소록도. 한때 사람들로 가득했던 이곳이 이제는 한산하기 그지없었다.

남생리에 들렀다. 전에 내가 살던 집은 헐리고 다른 모습으로 변해 있었다. 그러나 아침저녁마다 바라보던 바다는 그대로였다. 수시로 뛰어들고 싶었던 바닷가의 자살바위도 옛 모습 그대로였다. 수십 년 세월이 흘러도 자연은 그대로인데, 인간의 역사는 왜 이리도 변동이 많은가? 사람이 하는 일은 그 흔적이 영구하지 못하고 얼마 못 가서 변한단 말인가.

남생리교회는 옛 모습 그대로였다. 내가 이곳에 들어와 2년째 되던 해에 건립한 교회였다. 리어카로 흙을 운반하고 벽돌을 찍어 쌓아올렸던, 교인들 700여 명이 성심성의껏 힘을 기울여 지은 건물이었다. 하루 네 홉씩 주는 식량을 받아 한 홉을 떼어 교회에 헌금하고 허기진 배로 무척 힘들여 세운 예배당이었다. 나는 이 교회를 통해 하나님의 은혜를 체험했고 예수님을 구주로 영접했다.

150여 명의 성도들이 모인 교회 안에서 찬양예배를 드렸다. 우리가 준비해 간 모든 순서를 보여 주며 다 함께 기뻐하면서 하나님께 영광을 돌렸다. 마음이 편안해졌다. 남생리교회는 마치 나의 고향과도 같았다. 오늘의 내가 있도록 힘을 길러 준 교회였다.

남생리교회가 우리 상애원교회 청년회와 유대 관계를 갖기로 하고 해마다 한 차례씩 방문해 찬양예배를 드리기로 작정했다.

소록도에서 돌아오는 길에 나의 가슴은 보람과 환희로 울렁이고 있었다.

8. 사회생활의 낮과 밤

절망의 늪에서

나의 오랜 꿈은 사회 복귀다. 사회에 나가 다른 사람들처럼 떳떳하게 사는 것이 내 일생 소원이었다. 돈만 마련되면 당장이라도 전세 내준 아파트를 인수해 우리 가족이 들어가 살 수 있었다. 건강에는 자신이 있었다. 이제 아무도 나를 환자로 보지 않았다. 눈썹이 살아났으므로 흔적이 남지 않았기 때문이다. 돈이 문제였지만 얼마 지나 해결되리라 확신했다.

1985년 7월 1일, 우리 농장 축산조합에서 선거가 있었다. 조합장과 상무를 새로 뽑는 자리였다. 주위 사람들의 권유에 못 이겨 상무로 출마했다. 경쟁자가 있어 치열한 접전을 벌여야 했는데, 놀랍게도 내가 당선되었다. 내가 축산조합 상무가 된 것이다.

그때부터 축산조합 업무를 보게 되었다. 상무의 일은 쉽지 않았다. 농장에서 생산되는 달걀을 판매하고 돼지를 매매하는 일을 도와주어야 했다. 특히 달걀 판매는 어려운 업무였다.

조합장과 함께 밤낮으로 뛰었다. 부산시 부시장까지 우리 농장으로 초빙해 실정을 설명하고 도움을 청했다. 다행히 부시장의 소개로 S식품에 납품할 수 있었지만 워낙 물품이 많아서 새로운 거래처를 찾지 않으면 안 되었다.

서울에 달걀을 필요로 하는 대량 소비처가 있다는 말을 듣고 무작정 찾아갔다. 달걀 상인 김주수 씨를 만나 일주일에 14만 개를 넘겨주기로 계약하고, 2개월 약속어음을 받았다.

그러나 김주수 씨는 6천만 원의 부도를 내고 말았다. 너무도 어이없는 일이었다. 잘 알지도 못하는 사람에게 너무 많은 물량을 맡긴 것이 잘못이었다. 그 사람이 나빠서 그런 것이 아니었다. 그 역시 수금이 안 되고 있었고 자금도 넉넉지 못했다.

부도가 나자 상황이 막막했다. 우리 농장 정관에는 부도가 나면 실무자가 그 책임을 지도록 되어 있었다. 조합장과 둘이서 6천만 원의 빚을 나누어 각각 3천만 원씩 갚아야 했다. 3천만 원은 엄청난 돈이었다.

나는 김주수 씨에게 부도난 액수를 받아 내기 위해 여러 번 서울을 오갔다. 그러나 소용없는 일이었다. 오가는 비용만 들 뿐 그에게 돈이 있는 기미가 전혀 보이지 않았다. 당시 3천만 원이면 우리 아파트를 팔아도 해결할 수 없는 금액이었다. 아내는 저녁마다 선교원에 가서 철야 기도를 했고, 나도 하나님께 눈물로 기도하며 매달렸다.

"하나님, 지혜를 주옵소서. 이 엄청난 부채를 어떻게 갚아 나갈 것인지 가르쳐 주소서. 주께서 해결해 주옵소서!"

아무리 생각해도 사람의 힘으로는 불가능한 일이었다. 모든 것이 끝났다고 생각했다. 그런데 참으로 이상했다. 부도를 낸 김주수 사장에게 조금도 미운 감정이 생기지 않는 것이었다. 오히려 미움보다 측은한 마음이 들어 그를 돕고 싶었다. 그가 사는 길이 바로 내가 사는 길이라는 생각이 들었다.

나는 우리 교회의 장로님에게서 4백만 원의 빚을 얻어 그 돈을 갖고 서울로 가서 김 사장을 만나 돈을 건넸다.

"절망하지 말고 다시 일어서십시오. 이 돈으로 다시 시작하는 것입니다. 그래서 돈이 마련되면 부도 금액을 갚도록 하십시오."

돈을 받는 김 사장의 손이 떨리고 있었다.

"이렇게까지 생각해 주시니 드릴 말이 없습니다. 다시 일어설 수만 있다면 어떤 경우라도 이 상무님의 돈을 먼저 갚도록 하겠습니다."

그의 눈에서 눈물이 글썽글썽했다. 우리는 힘주어 악수하고 서로를 위로했다.

"김 사장님, 힘을 잃지 마세요."

"이 상무님, 감사합니다. 어떻게 해서든 이 상무님께 손해 끼치지 않도록 노력하겠습니다."

가벼운 마음으로 집으로 돌아와 생각을 정리했다. 우선 4백만 원의 이자를 날마다 물어야 했기에 목돈 마련이 쉬운 아파트를 팔기로 결심했다. 나의 오랜 꿈이었던 아파트를 내놓았다. 그러나 살 사람이 나타나지 않았다. 막막한 일이었다. 그렇게 괴로운 나날이 계속되었다.

일 년이 지난 어느 날, 서울에서 김주수 사장이 찾아왔다. 3천만 원의 돈을 갖고 온 것이다. 참으로 반가운 일이었다. 그 돈을 조합에 전했다.

축산조합에서는 총회를 열었다. 여러 의원들은 3천만 원이 들어오자 나에 대해 동정적인 분위기로 바뀌었다.

"실무의 짐이 너무 무겁습니다."

"그렇습니다. 잘해 보려 애쓰다가 생긴 일이니 우리가 봐줍시다."

"옳은 말이오. 조합은 단체요, 여러 사람이고. 근데 실무자는 두 사람이니 여러 사람이 두 사람 도우는 것은 쉽지 않겠소!"

모두들 한마디씩 했다. 가슴에서 사랑이 우러나는 따뜻한 말이었다.

"실무자가 어려운 처지에 있으니 얼마만이라도 봐주도록 합시다."

그래서 7백만 원을 삭감해 주기로 결정이 났다. 그것만 해도 큰 부담을 덜었다. 아파트를 팔지 않아도 되었다. 힘이 났다. 잔뜩 풀이 죽어 있던 아내도 생기를 되찾았다.

"하나님께서는 나를 버리지 않으신다."

나는 절망의 늪에서 서서히 빠져나와 사회 복귀의 꿈을 찾아 다시 전진하였다.

작은 행복

1987년 2월 20일, 봄이 오고 있었다. 겨우내 꽁꽁 얼어붙었던 땅이 녹고 초록빛 새순이 돋아났다. 계절은 어김없이 돌아오는데 한 번 실수해 떠나간 재물은 시간이 흘러도 좀처럼 되돌아오지 않았다. 봄은 실바람을 타고 꽃순을 틔우지만 어려워진 가정 경제는 회복하기가 쉽지 않았다.

그즈음 커다란 문제가 또 생겼다. 아파트에 전세 들어 살던 사람이 다른 곳으로 이사를 가게 되었다면서 전세금을 돌려 달라는 것이었다. 예금한 돈도 없는데 어떻게 해야 할지 막막했다. 그러나 한편으로는 잘된 일이기도 했다.

경이가 곧 중학교에 가야 했고 석이도 5학년이 될 때였다. 그러면 친구도 많아지고 담임 선생님의 가정 방문도 있을 텐데, 이럴 때 돈만 마련되면 우리가 아파트에 들어가는 것이 아이들을 위해 가장 좋은 일이었다. 아내와 상의해 빚을 내서라도 우리가 아파트로 이사하기로 결론을 내렸다. 또 빚을 진다는 것은 무겁고 힘겨운 일이지만 어쩔 수 없었다. 간신히 여기저기 빚을 내어 전세금을 돌려주고 아파트를 수리했다.

2월 28일, 드디어 내 집에 살게 되었다. 이삿짐을 옮겨 놓고 보니 세상 사는 재미가 무엇인지 알 것 같았다.

"하나님 감사합니다. 꿈에도 그리던 사회인으로 돌아왔으니 모두가 하나님의 은혜인 줄 믿습니다."

입에서 감사 기도가 절로 나왔다. 이사한 뒤에도 나는 여전히 농장 안에 들어가 일했다. 아이들은 이사한 우리 집에 만족하며 우쭐거렸고 좋아하는 아이들 모습을 보니 더욱 보람을 느꼈다.

경이 졸업식이 다가왔다. 우리 집에서는 처음 있는 경사였다. 학교에 가서 졸업식을 지켜보았다. 우리 경이가 개근상을 탔다. 6년 동안 단 한 번도 결석하지 않은 것이다. 학교가 코앞에 있어도 하기 어려운 개근을 우리 경이는 수십 리 떨어진 곳에서 버스를 번갈아 타고 다니며 해냈으니 얼마나 장한 일인가? 나는 경이가 참으로 대견스러웠다. 경이가 상을 탈 때 내 가슴은 울렁거렸고 눈시울이 뜨거워졌다.

"하나님 감사합니다. 우리 경이를 지켜 주신 하나님, 건강을 주시고 어려움을 참게 하신 하나님의 도우심에 감사드립니다."

우리 교회 전도사도 졸업식에 참석하여 함께 축하해 주었다. 가족사진도 찍고 즐거운 시간을 보냈다. 이 작은 행복이 내게는 얼마나 소중한 일인지, 내 인생의 지친 행로에 얼마나 힘이 되었는지 모른다.

새 학기가 시작되자 경이는 중학생이 되었고 석이도 5학년으로 올라갔다. 아이들이 자라는 모습을 보면서 나는 더욱 힘을 냈다. 하루는 농장에서 일을 마치고 오후에 들어와 초인종을 눌렀더니 석이가 뛰어나왔다. 얼굴에 개구쟁이 웃음이 지나갔다. 현관에 들어서는데 왁자지껄 아이들 소리가 귀를 때렸다. 석이가 친구들을 집에 데리고 온 것이었다.

"안녕하세요?"

아이들의 재잘거리는 소리가 좁은 응접실을 가득 메웠다. 석이가 쪼르르 다가와 내 귀에 대고 속삭이듯 말했다.

"아빠, 이제는 친구들을 집에 데려와도 괜찮다고 했지요?"

"그래, 그래! 잘 데려왔다."

석이는 신바람이 나 있었다. 석이 친구들은 모두 열네 명이었다. 같은 반 친구뿐 아니라 야구부, 축구부, 탁구부 친구들을 모두 데리고 왔던 것이다. 얼마나 한이 맺혔기에 열네 명이나 되는 친구들을 한꺼번에 집으로 데려왔을까? 좋아하는 석이를 보자 가슴이 찡했다. 석이가 그토록 바라던 일을 이제야 이루어 주었구나! 나는 안도감이 들면서도 한편 너무 늦었기에 미안하기도 했다.

반상회

3월 25일, 이사 온 지 한 달쯤 되었을 무렵 반장이 찾아왔다.

"이사도 오셨으니 이웃 사람들과 인사도 할 겸 이 달 반상회는 이 선생님 댁에서 모였으면 하는데 어떻겠습니까?"

"그렇게 하시지요."

거절할 수가 없어 허락을 했지만 온종일 마음이 불안하고 우울했다. 대부분의 사람들은 한센병이라면 귀신처럼 두려워하고 싫어하기 때문이다. 나는 한센병을 앓았다든가 농장에 살다가 이사했다는 사실이 알려지면 또 무슨 일이 벌어질까 봐 마음이 조마조마했다

농장에서 일을 마치고 집에 돌아오니 이웃 주민들이 거실에 가득 모여 있었다. 대부분 아파트에 사는 30여 세대 안주인들이었다.

반상회가 끝날 무렵 인사하기 위해 그들 앞에 나섰다. 혹시나 싶어 가슴이 떨렸다.

"○○동에서 이사왔습니다. 잘 부탁드립니다."

물론 이 거짓말은 하나님도 아신다. 인사를 하자 박수가 쏟아졌다. 아무도 나를 이상하게 보는 사람은 없었다. 정말 다행이었다.

사실이 그대로 용납되는 사회가 되어야 하는데 언제쯤 그런 사회가 올 것인가? 왜 한센병이 나았는데도 계속 그 사실을 숨겨야만 하는지, 왜 계속 병자 취급을 받아야 하는지 마음이 좋지 않았다.

그래도 일단 고비를 넘겼다. 시험을 치르고 난 수험생처럼 홀가분한 마음이었다. 드디어 우리 가정은 건강한 사회에 뿌리내리게 된 것이었다. 물론 이 뿌리가 깊이 자리 잡은 뒤 모든 사람이 인정하는 자리까지 가려

면 아직도 길은 멀었다.

삶에 대한 몸부림

1988년은 축산 불황의 해였다. 달걀 특란이 한 개에 34원이었다. 사료 값도 되지 않는 돈이었다. 돼지 값도 말이 아니었다. 외국의 소고기, 돼지고기를 수입한다는 판국에 값이 오르기를 기대할 수 있겠는가?

돼지 다섯 마리에 얼마 안 되는 닭을 사육하다 보니 허리띠가 자꾸만 조여 들었다. 사료 값만 외상으로 쌓여 가고 남는 것은 하나도 없었다. 답답하고 초조하기만 했다. 내가 가진 기술은 운전뿐이었다. 일반 회사에 취직이라도 할까 궁리해 보았지만 부질없는 생각이었다. 학력도 경력도 없는 사람을 어느 회사에서 받아 준단 말인가?

그즈음 아는 분의 소개로 보험회사에 응시했는데 입사가 되었다. 그러나 막상 일을 시작하니 쉬운 일이 아니었다. 많은 사람을 만나 그들을 설득해야 했다. 그들이 나를 신임하고 나의 말에 고개를 끄덕거리면서 가입을 해 주어야 했다. 그러니 대부분 아는 사람만을 찾게 되는 것이다.

내게는 무척 어려운 일이었다. 아는 사람도 별로 없을 뿐 아니라 그나마 주위의 아는 사람들은 보험에 가입할 만한 처지가 아니었다. 실적을 올리지 못한 채 초조해하며 밤낮 동분서주 뛰었지만 바람만 쥐고 돌아왔다. 기동력이 약해서라고 생각하고 월부로 승용차까지 구입해 부지런히 쫓아 다녔지만 마찬가지였다. 6개월쯤 끈질기게 버티다가 결국 보험회사를 그만두고 말았다.

그 뒤로는 농장을 상대로 병아리 장사를 시작했다. 하지만 이것도 경기가 좋지 않으니 잘 되지 않았다. 이미 시작한 일이라 더 힘껏 뛰어 봤지만 별로 남는 것이 없었다. 엎친 데 덮친 격으로 병아리 회사가 부도를 내는 바람에 손해만 잔뜩 보고 일을 접어야 했다.

어쩌면 일이 이렇게도 풀리지 않을까? 답답했지만, 생각하면 할수록 무엇보다 신앙생활을 원만히 하지 못하는 것이 가슴 아팠다. 밤낮으로 돌아다니다 보니 어느 때부터인가 신앙생활에 소홀했던 것이다. 예배 시간에 빠지는 일도 빈번했다. 수요예배도 가끔 빠지고 새벽 기도는 엄두도 낼 수 없는 형편이었다. 안타깝고 답답할 뿐이었다.

주일 새벽에는 제직 출석을 점검한다. 내가 계속해서 예배에 빠지니 하나님께는 말할 것도 없고 목사님 보기도 민망했다. 더욱이 보람과 꿈을 안고 출발해 활발히 활동했던 새빛선교단도 차츰 시들해지기 시작했다. 몇몇 대원은 결혼하면서 선교단을 떠났고, 나는 경제적 능력이 부족해 끝까지 끌고 나갈 힘이 없었다.

내 가정 하나만 끌고 나가는 일조차 힘겨웠던 때였다. 농장에서 살 때는 생활 수준이 모두 비슷했지만 사회에 나와 보니 빈부 차가 극심했다. 잘사는 사람들은 엄청나게 잘살았다. 더욱이 우리 동네는 비교적 윤택하게 사는 부자 동네였다. 잘사는 사람들의 집 앞을 지날 때마다 초라한 내 모습이 보기에 안쓰러워 슬펐다. 어떻게 하면 나도 돈을 많이 벌어 저 사람들처럼 살 수 있을까? 이런 생각을 하다가 주제 넘는 일이란 걸 깨닫고 자신을 나무라며 타이르곤 했다.

처음에 빈손으로 농장에 들어가 밤낮 하나님께 부르짖은 것은 가정을 갖게 해 달라는 것이었다. 그리고 가정이 아름답게 이루어졌을 때는 시내에 조그마한 집 한 칸을 마련해 달라는 소박한 꿈이었다. 그 꿈은 이미 이루어졌다. 그런데도 나는 자꾸만 지나친 욕심을 품고 하나님께 억지를 쓰고 있었다.

내가 너무 세속으로 기울어지고 있지는 않은가? 나는 두려운 마음으로 자신을 점검해 봤다. 그리고 지금 내게는 그저 감사하면서 신앙의 힘을 잃지 않도록 하나님께 호소하는 일만 남았음을 깨달았다.

서럽게 떠난 젊은 꿈나무

신년에 교회 학생회 부장을 맡았다. 우리 교회는 중·고등학생이 90여 명이나 되는데도 교사는 단 일곱 명뿐이었다. 작년에 학생회 총무 일을 맡아 충무 욕지도로 여름 수련회를 갔을 때의 일이다. 그때 나는 고등부 3학년을 맡았는데 학생 수는 남녀 아홉 명이었다. 그들 가운데 서성동 군의 일이 지금도 나를 슬프게 한다.

성동 군의 아버지는 몇 년 전 피부암으로 세상을 떠났다. 믿음이 매우 좋았던 어머니는 아들 성동 군에게 모든 희망을 걸고 살았는데, 불행하게도 성동 군이 백혈병에 걸린 것이다. 무섭고도 슬픈 일이었다. 큰 병원에서 특수치료를 받았지만 별 효과를 보지 못했다. 그렇게 똑똑하고 순하게 생긴 녀석에게 왜 하필 백혈병인가?

고등학교 3학년이면 이제 다 자란 청년인데, 성동 군은 얼굴이 창백하고 머리털이 다 빠져 시커먼 모자를 눌러쓰고 다녔다. 그의 눈에는 늘 눈물이 이슬처럼 달려 있었다. 볼 때마다 마음이 아팠고, 간절한 기도가 나왔다. 어머니는 아들을 위해 밤낮으로 기도했다. 밤이 되면 교회당 안은 성동 군 어머니의 구슬픈 울음소리로 가득 찼다.

성동 군은 교회에 빠짐없이 출석했고, 고등부에서 성경 공부도 열심히 했다. 주일마다 성동 군을 만나면 공연히 마음이 울적했다. 시한부 인생을 사는 성동 군, 언제 쓰러질지 모르는 소년을 생각하면 마치 슬픈 영화의 한 장면을 보듯 마음이 공허해졌다.

여름방학이 시작되고 수련회 기간이 다가왔다. 학생들은 낯선 섬에서 며칠 동안 갖게 될 수련회를 생각하며 기대에 부풀어 있었다. 그 수련회에 성동 군을 데리고 갈지, 그냥 집에 있게 할지 그것은 무척 고민스러운 일이었다. 욕지도에 있는 노대교회에 가려면 배를 타고 여섯 시간이나 가야 했다. 나는 고민 끝에 성동 군에게 슬쩍 물어보았다.

"먼 곳인데 갈 수 있겠나?"

"가겠습니다."

"그럼 곧장 배를 타지 말고 육로로 충무까지 가서 거기서 배를 타라. 그러면 시간이 짧게 걸린다."

"그렇게 하겠습니다."

"그럼 너는 친구들과 자동차를 이용해라."

"예."

우리는 다른 학생들과 먼저 배를 탔고 성동 군은 친구 몇 명과 자동차를 타고 출발했다. 우리가 먼저 도착해 그들을 기다렸다. 충무에서 출발한 배가 고동 소리를 울리며 부두로 들어오고 있었다. 멀리서 다가오는 배 위를 보니 검은 모자를 눌러쓴 성동 군의 모습이 보였다.

노대교회에서 수련회가 시작되었다. 시원한 바닷바람을 마시며 여러 순서를 진행하는 중에도 나는 성동 군에게 신경이 자꾸 쓰였다.

다행히 수련회는 큰 탈 없이 즐겁게 끝났고 우리는 무사히 돌아왔다. 그러나 성동 군에게 그것이 마지막 수련회였다. 돌아온 지 얼마 지나지 않아 그는 하나님의 부르심을 받았다. 영원한 세계로 떠난 것이다. 무성하게 자라야 할 젊은 나무는 그렇게 베어지고 말았다.

죄 많은 세상 더 살아 봐야 별것 아니겠지만 그래도 태어났으니 열심히 자기 달란트를 찾아 뛰어 봐야 하지 않는가. 그러나 성동 군은 제 꿈을 펼치지도 못하고 세상을 떠난 것이다. 그를 생각할 때마다 마음이 무겁고, 사는 것에 새삼 책임감을 느낀다.

사람은 꼭 늙어서 죽는 것은 아니다. 성동 군처럼 중도에서 끝나는 인생도 있다. 그러므로 학생회의 신앙 교육은 미래를 바라보며 여유 있게 이루어져야 하고 지금의 영혼을 구원하기 위해 열심히 깨우치고 힘을 쏟아야 한다. 학생회 총무 일도 무거웠지만 부장의 직책은 더욱 중요하지 않는가? 나는 그저 주님께서 맡겨 주신 직분이니 열심히 따를 뿐이었다. 나는 학생회 부장 일을 바르게 감당하기 위해 기도하면서 더 열심히 헌신하기로 마음먹었다.

헌신의 의미를 보여 준 사람

우리 교회에 부임한 염신승 부목사님은 스물아홉 살의 젊은 분이었다. 훌륭한 재능과 인격을 겸비한 목사님은 학생회 사역을 비롯해 교회 일에 적극적으로 나서서 일했다. 더욱이 놀라운 것은 그의 헌신적인 봉사였다.

초상이 났을 때, 친척도 아닌 남의 시체를 누가 만지겠는가? 특히 건강한 사람이 환자의 시체를 만진다는 것은 보통 일이 아니다.

그런데 염 목사님은 스스럼없이 죽은 사람을 목욕시키고 옷을 갈아입혔다. 아직 미혼인 젊은 분이 헌신적으로 일하는 모습을 보고 온 교회 성도들은 놀라움과 존경의 뜻을 표했다. 우리 학생회는 염 목사님의 적극적이고 열심인 활동에 자극받아 더욱 활기를 띠었고 나도 기쁨으로 학생회를 이끌어 갔다. 지금 염 목사님은 필리핀 선교사로 나가 활동하고 계신다.

어부의 집

부산 서면에 가면 '어부의 집'이라는 간판을 내건 레스토랑이 있다. 양식과 음료를 파는 곳이다. 이 레스토랑을 운영하는 주인은 '허은숙'이라는 여성으로 교회에 충성스런 집사다. '어부의 집'이라는 간판은 베드로를 생각하고 붙인 것 같다. 실내에는 어부들이 사용하는 여러 가지 물건들이 장식되어 있다. 빈 벽에는 구석구석 성경구절이 붙어 있어 레스토랑 분위기를 엄숙하게 만들고 있다.

그동안 허 집사가 선한 일을 많이 하는 것을 지켜보았다. 하루는 우리 농장 양로원 노인들 60여 명을 레스토랑으로 초청해 양식을 대접했다. 우리 농장 노인들로서는 일생일대의 놀라운 일이고, 최고의 대접이었다. 세상 사람들이 가까이하기조차 꺼리고 멀리하는 한센병 노인들을 초대하여 이처럼 대접하는 것은 쉽지 않은 일이었다. 부산 시내에 교회가 많고 사업하는 그리스도인도 많지만 모두 엄두도 내지 못한 일을 연약한 여성이 해낸 것이다.

나는 허 집사가 고맙기도 하고, 또 하나님 앞에 귀한 사람이라 생각되어 가끔 식구들을 데리고 그 집을 찾아가곤 했다. 이런 선한 사마리아 사람이 운영하는 식당이 잘 되어야 한다. 이곳에서는 이따금 복음송 경연대회가 열리는 등 청소년들을 위한 다양한 프로그램도 준비되어 있어 교회 청소년들에게 좋은 휴식 공간이 되곤 했다. 이렇게 좋은 분들이 살고 있는 한 이 땅은 암흑의 세상이 아닌 밝은 곳이며 살 만한 곳이다.

선생님의 사회생활

인천 S농장에는 나의 소록도 중학 시절에 국사와 국어를 가르쳐 주셨던 우상준 선생님이 살고 계신다. 동국대를 나와 교편생활을 하다가 불행하게도 한센병에 걸려 소록도에 오셨으며 소록도 학생들이 배움의 눈을 뜨도록 귀한 일을 하신 분이다. 20여 년 전에 병이 완치된 우 선생님은 농장 전체가 자립 기반을 조성하는 가운데 축산물을 군납하는 일을 한 적도 있다. 평소 우 선생님을 자주 만나 소록도를 떠나 사회에 나가 살면서 겪었던 어려운 이야기들을 듣곤 했다.

S농장에는 교회가 없었다. 소록도에서 신앙생활을 했던 선생님은 교회에 가지 않고는 견딜 수가 없어 S농장에서 떨어진 시내 D교회에 나갔다. 목사님은 우 선생님이 한센병 환자였다는 사실을 알고도 친절하게 대했으나 일반 교인들은 그렇지 않았다. S농장에서 열 명의 형제가 함께 출

석해 예배를 드렸는데 교인들은 옆에 와서 앉지도 않았고 우 선생님을 불청객처럼 여기며 거리를 두었다. S농장 그리스도인들은 당연히 교인들과 어울리지 못하고 찬물에 기름 돌 듯했다.

얼마 뒤, 우 선생님은 목사님에게 한센병에 대해 설명할 수 있는 기회를 달라고 부탁하여 예배를 마친 뒤 교인들 앞에서 마이크를 잡았다. 당시 우 선생님은 계속 D교회에 다녀야 할지 그만둬야 할지의 중대한 기로에 서 있었기 때문이다. 우 선생님이 한센병은 낫게 되면 일반인과 다를 게 없어 염려하지 않아도 된다고 이야기하자 기다렸다는 듯 한 교인이 일어나 질문했다.

"우 선생! 한센병이 다 나았다면서 왜 얼굴에 흉한 흔적이 있고 피부가 거칠어 보입니까? 손가락도 이상하고요. 이유를 설명해 주시오."

질문을 받은 선생님은 뜬금없이 배추벌레 이야기를 꺼냈다.

"농부가 배추를 심고 잘 가꾸었더니 몇 개월 뒤에 잎이 무성하게 잘 자랐습니다. 알이 배기 시작할 무렵, 어느 날 배추밭에 가 보니 배추벌레가 생겨서 보기 좋은 배추를 사정없이 갉아먹고 있었습니다. 배추는 곳곳에 구멍이 나 아주 흉하게 되었습니다. 농부는 농약을 뿌리고 포기마다 숨어 있는 벌레를 모두 잡아 주었지요. 덕분에 속이 꽉 찬 배추를 수확했습니다. 그러나 갉아먹은 흔적은 그대로 남아 원래대로 회복되지 않았습니다. 치료받은 한센병 환자들도 이와 마찬가지입니다. 나균이 피부를 갉아먹고 신경에 피해를 주어 흔적이 남아 있을 뿐, 나균은 이미 없어졌습니다."

우 선생님의 이야기를 들은 교인들이 하나 둘 고개를 끄덕이면서 수긍하는 눈치였다. 그때 마침 교인 가운데 의사 한 분이 자리에서 일어서더니 앞으로 나왔다.

"이제 그만하고 들어가시지요. 다음에는 제가 이야기하겠습니다."

마이크를 잡은 그 의사는 K대학병원의 유능한 외과의사였다. 그는 한센병에 대해 구체적으로 설명하기 시작했다. 약을 먹고 몸속에 균이 없어지면 감기 환자가 약을 먹고 나은 것과 똑같으며, 다만 겉으로 볼 때만 피부가 원상회복이 안 되어 일반인처럼 보이지 않을 뿐이지 전혀 두려울 것이 없다고 했다. 더구나 전염 같은 것은 상상할 수도 없는 일이라고 덧붙였다.

그 뒤로는 D교회 사람들이 달라졌다. 모든 교인들은 S농장에 와서 함께 식사도 하고 행사도 하며 아무 거리감 없이 잘 지내고 있다. 그 뒤 우 선생님은 장로님이 되었고 사모님은 권사님이 되었으며, 함께 출석하던 10여 명의 형제들도 모두 집사 직분을 받았다. 놀랍게도 그 교회가 인천에서 가장 발전하는 교회가 되었는데, 그렇게 될 줄은 누구도 예상하지 못했다.

우 선생님의 이야기를 듣자, 나는 전국에 있는 정착촌 농장이 모두 이렇게만 된다면 굳이 정착촌에 교회가 따로 있어야 할 이유가 없을 것 같았다. 또 한센병을 앓았다는 흔적만으로 고통 받을 이유가 전혀 없다는 생각이 들었다.

우상준 장로님은 태국 한센 형제 선교를 위해 온누리선교회를 만들었고, 태국에 교회를 36개나 지었다. 또 선교사를 파송해 수많은 한센 형제들에게 복음을 전하고 있다. 나는 우상준 선생님을 매우 존경한다.

칠곡 엠마 병원

서대구에서 칠곡 방면으로 약 5킬로미터를 가면 오른쪽으로 가톨릭 피부과의원이라는 간판이 보인다. 바로 칠곡에 있는 엠마 병원이다. 현재는 병원 주위에 아파트 단지가 들어서서 옛날과 달리 도시화되어 있고, 산청 성심원처럼 천주교 단체에서 운영하는 병원이다.

이 병원을 세운 오스트리아 사람 엠마 프라이싱거 여사는 30년 전 처녀의 몸으로 우리나라에 와서 당시 사회에서 소외되고 외면당한 한센병 환자들을 모아 치료해 주고 정착 사업에 헌신해 많은 한센병 환자들을 구해 준 분이다. 지금도 이 병원은 한센병을 치료받은 후 전국의 정착촌 농장에서 생활하다가 다른 질병에 걸리거나 다쳐서 상처가 생겼거나 신경통으로 고생한다든지, 또는 집에서 오가며 치료를 받는 한센병 환자들을 헌신적으로 치료하고 있다. 사회에서 외면한 어떤 환자도 엄마처럼 친절하게 치료해 주므로 정착촌 주민들은 이 병원을 엠마 병원이라기보다 친근하게 '엄마병원'으로 부른다.

고 박정희 대통령이 엠마 원장님께 5·16 민족상을 수여하는 장면을 우연히 텔레비전에서 본 적이 있다. 그 뒤 신문을 통해 엠마 원장님이 한센병 환자를 위해 헌신 봉사한다는 기사를 여러 번 보았다. 나는 그분과 직접 만나 이야기해 본 적은 없으나 우리 농장에 거주하는 환자를 내 승용차에 싣고 치료받으러 갈 때마다 멀리서 보곤 했다. 목사님과 함께 교우들을 심방할 때도 엠마 병원에 갔었는데, 그곳에 근무하는 직원과 간호사들이 모두 친절했다. 현재는 약 80여 명의 임직원들이 오직 한센인 가족을 위해 헌신하고 있다.

전국 각 정착촌 농장과 통원 치료하는 한센인 가족 중에서 엠마 원장님의 손길이 닿지 않은 사람이 없을 만큼 엠마 원장님에 대해서는 모르는 사람이 없다.

하나님께서 엠마 원장님 같은 귀한 분을 이 땅에 보내 주셔서 많은 사람들이 건강을 되찾고 재생의 길을 열 수 있게 되었다. 이 모든 것이 분명 하나님의 섭리리라. 얼마 전에 엠마 원장님을 직접 만나 이야기하고 싶어 병원에 방문했더니 마침 허리를 다쳐 누워 계신다는 이야기를 들었다.

꽃다운 나이에 우리나라에 와서 예순이 다 되기까지 오로지 한센병 환자들만을 위해 헌생하신 엠마 원장님이 건강을 회복하기를 빌며 하나님의 은총이 함께하기를 간절히 기도드린다.

9. 절망의 언덕을 넘어

신발 공장 인수

3월이었다. 가난한 농장에도 봄이 찾아왔다. 축산 경기는 나아지지 않고 다니던 보험회사도 실적이 오르지 않아 그만둔 나는 살아가는 일이 막막하고 고달팠다. 무엇 하나 붙잡고 늘어질 끄나풀이 없었다.

그 무렵 처고모 아들인 처남이 찾아와 내게 넌지시 말을 던졌다.

"신발 공장을 한번 해 보면 어떻겠소?"

"마땅한 것이 있는가?"

"시내에 부도난 조그만 신발 공장이 있어요. 별로 돈 들이지 않고도 인수할 것 같은데……."

하도 궁한 지경이라 귀가 솔깃했다. 처남의 말을 들어 보니 잘하면 괜찮을 것도 같았다. 고민 끝에 가진 돈이 없으니 빚을 조금 내어 시작했다가 차차 갚으면 되겠다 싶어 인수하기로 마음먹었다. 농장 신용조합에서 빚을 얻어 기계 시설을 다시 정비하고 시내에서 유능한 기술자를 채용했다. 그리고 일을 거들어 줄 인부로는 농장 안의 부인들을 채용했다.

처음으로 주문받은 여름용 비치 샌들 2만 켤레를 만들어 냈다. 그런데 예상했던 것보다 자금이 많이 필요했다. 물건을 납품하고 계산을 맞추어 보니 적잖게 손해를 본 것이었다. 인건비 지출이 예상보다 많았기 때문이다. 처음이라 그럴 수 있다 생각하고 다음 일에 들어갔다.

이번에는 시내에 있는 회사로부터 캐나다 수출용 운동화 만 6천 켤레를 주문받아 LC(Letter of Credit : 신용장이라고 하며, 개설 은행이 수출자에게 지급을 확약하는 계약서)를 받고 작업에 들어갔다. 자재를 구입하고 제조하는 과정에 상당한 자금이 들었다. 처남의 말로는 자금이 별로 없어도 선금을 받아서 하면 된다고 했는데 실제로는 많이 달랐다. 공장을 가동하는 일을 비롯해 움직이는 모든 것이 돈이었다.

소자본으로는 엄두도 낼 수 없는 일을 겁 없이 시작한 것 같았다. 그러나 이미 일을 벌였으니 중도에 그만둘 수는 없었다. 가는 데까지는 끌고 나가 보자 생각하고 빚을 얻어 계속 투자했다. 그런데 납품 과정에서도 수출용 제품이라 검사가 까다로웠고 반품도 적지 않은 등 여러가지 어려움이 많았다.

제품을 수출한 뒤에 외환은행에서 돈을 찾아와 정리하고, 인건비를 미루지 않고 지급하고 나니 약 2천만 원이 적자였다. 이윤이 남아도 어려운데 적자라니 온몸에 힘이 쭉 빠졌다.

이쯤에서 그만두면 더 많은 부채를 안게 되기에 이를 악물고 다시 세 번째 작업에 들어가 운동화 생산에 힘을 기울였다. 그런데 문제가 생겼

다. 직원 둘이 공모하여 공장에 손해를 주고 한 사람이 자취를 감춘 것이
다. 그러나 공장 운영이 어렵다 하여 인건비를 미룰 수는 없는 일이었다.
마침 추석 명절이 다가오고 있었다. 겨우겨우 빚을 내어 직원들 월급을
주고 나니 더 이상 버텨 나갈 용기가 생기지 않았다. 오기만으로 되는 일
이 아니었다. 이렇게 공장을 끌고 나갈수록 남는 것은 빚뿐이었다. 결국
눈물을 흘리며 공장 문을 닫고 말았다. 공장 기계 가설비와 이제껏 들어
간 인건비, 그 밖의 비용들을 정리하고 나니 약 8천만 원의 빚이 남았다.

앞으로 이 많은 빚을 어떻게 갚아 나갈지 눈앞이 캄캄했다. 처남도 미
안했던지 가정을 버려둔 채 자취를 감추고 말았다. 어처구니없는 일이었
다. 나는 실의에 빠졌다. 도저히 이 많은 부채를 갚아 나갈 자신이 없었다.

우리가 살고 있는 아파트는 이미 저당 잡힌 지 오래였고 재산이 될 만
한 것은 모두 신용조합에서 압류했다. 경험도 없이 덜컥 일에 뛰어든 나
자신이 어리석게만 생각되었다. 몹시 후회스러웠지만 뒤늦은 후회가 무
슨 소용이 있겠는가? 버스가 지나간 뒤에 손 흔드는 것과 마찬가지였다.
뒤늦게 정신이 번쩍 들면서 하나님께 기도도 하지 않고 마음대로 큰일을
시작했다는 죄책감이 들었다. 왜 그렇게 커다란 일을 기도도 없이 시작
했을까? 애초부터 모든 것이 실수였다. 실수는 실수를 낳고, 그 실수는
다시 불행을 가져왔다.

"하나님, 용서하소서. 이 죄인에게 다시 용기를 주사, 새롭게 일어서게
하옵소서."

이제 와서 누구를 원망하랴? 나의 실책과 잘못을 떠넘길 상대는 아무
도 없었다. 무엇이든 잃어 버린다는 것은 슬픈 일이다. 단 한 번의 오판으
로 시작한 일 때문에 모든 것을 잃어버리는 것은 정말 가슴 아픈 일이었

다. 결국은 물질을 잃었지만, 그 후유증으로 사람도 잃고 신앙도 잃고 가정의 행복까지 잃어 가고 있는 것이다. 이를 악물고 다시 일어서야 한다고 생각했지만 어디서부터 어떻게 시작해야 할지 막막할 뿐이었다. 빚이 버거워 마음도 몸도 무거웠다.

옥산기도원

많은 부채와 어음 문제가 날마다 내 발에 천근만근 무거운 쇳덩이처럼 달려 있어 나를 바다 속으로 끌어당기는 것 같았다. 밤에 잠자리에 누우면 힘겨운 문제들이 내 목을 조르고 잠을 달아나게 했다.

사람이 동물과 다른 점은 마음의 무게를 크게 느끼고 사는 점이리라. 동물들은 육체적 고통만 느끼지만 사람에게는 육체적 고통보다 마음의 고통이 더 크게 작용한다.

교회에 갔지만 아무리 엎드려도 기도가 나오지 않았다. 찬송도 부를 수가 없었고, 목사님의 설교는 귀 밖에서 빙빙 맴돌다가 달아나 버렸다. 어느 누구에게도 이야기할 수 없는 엄청난 고통을 안고 날마다 몸부림치고 있었다.

40일 작정 기도에 들어간 아내는 얼굴이 초췌해 보기가 민망했다. 매일 아침은 그냥 금식이었고 나는 점점 더 용기를 잃어 갔다.

어느 날 전도사님에게 나의 힘겨운 고통에 대해 털어놓았더니, 이야기를 들은 전도사님은 따뜻한 말로 내게 권했다.

"집사님, 실망만 하지 말고 빠져나갈 길을 찾으십시오. 그 길은 기도밖에 없습니다. 하나님께서 열쇠를 쥐고 계시니 하나님 앞에서 그 길의 안내를 받으셔야 하지 않겠습니까? 이런 때에는 특별 기도를 하는 게 좋습니다. 특별 기도는 가정이나 교회를 떠나 조용한 곳에서 하는 것이 좋습니다. 고성군 회화면에 물 좋고 경치 좋은 기도원이 있습니다. 옥산기도원인데 그곳에 가서 기도를 하시지요.”

전도사님의 권면을 듣고 보니 내 마음이 조금 움직였다.

“그게 좋겠습니다.”

옥산기도원은 배둔리를 미처 못 가서 나오는 큰 못 왼쪽 동네에 있었다. ‘옥산’이라는 이름 그대로 옥같이 맑고 깨끗한 물과 산으로 둘러싸여 있었다. 산은 높고 험하면서도 수목이 울창했다. 50년 전만 해도 호랑이가 살았다고 했다. 지금도 그때의 웅장한 산세가 그대로 사람들을 제압하고 있었다. 기도원 옆으로는 옥산 계속에서 이어진 맑은 시냇물이 흘렀다. 발을 담그면 여름에도 발이 시리다는 오염되지 않은 깨끗한 물이었다.

옥산기도원은 정봉실, 이효선 집사님 부부가 믿음으로 세워 운영해 나가고 있었다. 물 맑고 공기 좋고 도시에서는 생각조차 할 수 없는 아름답고 분위기 좋은 기도원이었다.

나는 그곳에서 하나님께 간절히 매달렸다. 기도도 않고 사업을 시작한 잘못을 회개하고 눈물을 흘리며 기도했다. 우리의 사정 이야기를 듣고 원장 부부도 같이 기도하며 힘을 북돋워 주었다. 때마다 맑은 생수를 마셨고, 생수로 지은 밥은 잃었던 입맛을 되찾아 주었다.

처음 엎드렸을 때는 눈물만 나고 기도가 되지 않았는데, 모든 생각을 떨쳐 버리고 혼자 외딴 곳에 찾아가 기도하니 힘이 솟았다.

그날 이후 나는 자주 옥산기도원을 찾았다. 우리 교회 성도들도 그곳 이야기를 듣고 자주 그곳에 가서 기도했다. 원장 집사님 부부는 한센병 성도들도 아무런 거리감 없이 그리스도의 사랑으로 극진히 맞아 주었다. 또 가끔 우리 농장에 직접 찾아와 어려움 가운데 있는 성도들을 위해 기도해 주었다. 나를 위해 기도하며 많은 위로의 말도 들려주었다.

"우리는 하나님의 뜻을 알 수 없습니다. 다만 하나님께서 택하신 백성을 결코 버리지 않으십니다. 분명 하나님께서는 원하시는 일이 있을 것입니다. 사람은 모르지만 하나님께서는 미래를 인도하시니 하나님의 선한 인도를 받으세요."

믿음 있는 사람들의 말에는 이상한 힘이 있어 마음에 큰 위로가 되었다.

나는 늘 빚진 사람들에 대한 미안함과 약속 어음을 해결해 주지 못한 죄책감 때문에 괴로웠다. 곤궁에 처하는 바람에 나를 믿었던 사람들에게 배신감을 느끼게 했으니 얼마나 나를 원망할 것인지를 생각하면 괴로워서 견딜 수가 없었다. 하나님께 무릎 꿇고 이렇게 기도한 일도 있었다.

"하나님, 고통과 시련 속에 몸부림치던 투병생활을 견디게 하시고 지금까지 지켜 주심을 감사합니다. 그런데 이게 웬일입니까? 한순간에 나의 모든 것을 거두어 가시니 견딜 수가 없습니다. 원점으로 돌아가 다시 시작하라고 하셔도 견딜 수 없는데 엄청난 빚덩이를 안고 새로 시작하라니 어떻게 하면 좋습니까? 이 상태에서 회복되지 않고 고통 속에 살라 하시면 자신이 없사오니 차라리 제 영혼을 거두어 주시고, 아내와 아이들만은 편히 살 수 있도록 보살펴 주옵소서. 너무나 착한 아내와 불쌍한 자녀들에게 더 이상 고통과 시련을 주지 마옵소서. 제가 여기에서 쓰러진다면 착한 아내와 어린 자식들이 거지 같은 한센병 환자의 아내요, 자식이라고 멸시와 천대를 받을까 두렵습니다. 제발 극한 상황만은 피할 수 있도록 도와주소서. 수없는 눈물과 땀으로 이룩한 우리의 작은 보금자리 아파트가 어음 부도로 경매 처분되지 않도록 막아 주옵소서. 주여, 제 영혼을 거두어 가시지 않으시려면 살아갈 길도 열어 주시고, 모든 부채도 살아가면서 갚을 수 있도록 인도하여 주옵소서."

나의 기도는 눈물이었고, 통곡이었다.

너무나 엄청난 바람 앞에서 버티어 나갈 힘을 잃고 휘청거릴 때 친구 K 목사가 소식을 듣고 찾아와 위로해 주었다. K 목사는 소록도에서 함께 지내며 공부했던 친구다. K 목사가 나서서 동창들에게 호소도 해 봤지만 별 도움을 얻지 못했다. 동창들 역시 살기가 빠듯해 다른 곳에 눈 돌릴 처지가 못 되었던 것이다.

내가 벌인 일이므로 나는 이 무거운 짐을 스스로 지고 나가야 했다. 하나님께서 도와주시면 선한 길이 열릴 수도 있으리라.

사료 회사에 취직

하루하루 하나님의 은총을 기대하며 살아가던 어느 날, 뜻밖에도 사료 위탁 판매소를 운영하는 김명수 사장님으로부터 전화가 걸려 왔다. 김 사장님은 평소 친분 있는 사이로 어려울 때마다 도움을 준 따뜻한 분이다. 그는 정착 농장을 애정을 갖고 지켜보면서 기회가 있을 때마다 도움의 손길을 펼쳐 주시곤 했다.

내 딱한 사정을 알게 된 김 사장님이 나를 만나자고 했다. 만나서 자세한 사정을 이야기했더니 무이자로 어음 한 장을 막아 주시는 것이었다. 얼마나 감사한지 눈물이 울컥 쏟아졌다.

김 사장님은 자신의 지인인 박동희 전무에게 전화를 걸어 내 이야기를 하며 도움을 주라고 부탁했다. 박 전무님은 나와도 잘 아는 사이였다. 그가 제일제당 판매부장으로 있을 때, 내가 축산조합 상무 일을 보았던 것이다. 그 무렵 가끔씩 축산 경영과 관리 일을 상담해 주었고 각 정착 농장과 부산 근교 양축 농가에도 많은 도움을 준 분이었다.

그런 고마운 분에게 김 사장님이 전화로 내 어려움을 알리며 도움을 청한 것이다. 박 전무님은 나에게 동서사료회사에 취직하라고 했다. 그리고 그 회사의 사장님께 나를 경상남북도, 전라남북도 정착 농장 특판부 직원으로 추천해 주었다.

1989년 11월 4일, 나는 동서사료회사에 영호남 지방 정착 농장 특판원으로 입사했다. 젊고 인상이 좋은 사장님은 나를 아무 거리감 없이 대해 주었다.

11월 15일, 27명의 각 지역 판매 담당과 직원들이 모인 영업 회의 때 나도 참석해 인사를 나누었다. 그들은 모두 4년제 대학을 졸업한 뒤 입사 시험에 합격한 유능한 사람들이었다. 본사 입사 시험은 더 치열했다. 그 해에는 8대 1의 경쟁률을 뚫고 6명이 입사했다고 한다. 내가 그들과 함께 일하게 되다니 정말 꿈같은 일이었다.

이는 하나님의 도우심이요, 인도하심이었다. 하나님께서 내 기도를 들어주신 것이다. 또 내 착한 아내의 간곡한 기도를 거절하지 않으신 것이며, 나를 알고 염려하며 도와주려는 여러 성도들의 기도가 하나님께 전해진 것이었다. 우리 모두의 기도가 하나님의 마음을 움직인 것이 분명했다.

나는 변변한 학벌도 없을 뿐 아니라 한센 병력도 갖고 있었는데 유능한 젊은 엘리트들의 대열에 끼게 되었으니 그것은 순전히 하나님의 은혜였다.

"오 하나님, 감사합니다."

함께 모인 영업 사원들은 입사 기념으로 축하 파티까지 성대하게 베풀어 주었다. 박 전무님은 부하 직원들을 부담 없이 대해 주어 모두가 그분을 좋아했다. 내게도 그 후광이 엄청나게 비추고 있었다.

나는 영호남의 76개 정착촌 농장을 돌면서 사료를 소개하고 판매 길을 열어 나갔다. 그러면서 가슴 아픈 사연을 수없이 목격했다. 특히 영호남 지방 정착 농장 주민들이 잘살지 못하고 있다는 점을 뼈저리게 느꼈다. 서울이나 경기 지방 농장들은 모두 잘살고 있는데 왜 영호남 지방 농장 주민들은 못살까?

내가 돌아본 76개 정착 농장 가운데 약 20퍼센트 정도만이 겨우 기반을 잡고 양계 양돈을 자기 자본으로 사육하고 있을 뿐이었다. 나머지 80퍼센트는 남의 자본으로 하든지 아니면 겨우 닭과 돼지 몇 마리 정도를 소유한 영세한 축산 농가였다. 돼지 값 하락으로 조합에 내야 하는 사료 값이 밀려 있었고, 조합은 조합대로 사료 회사에 사료 값을 지불하지 못해 수억대의 빚을 지고 있는 실정이었다. 만일 사료 회사에서 외상을 다 갚으라고 하면 그냥 도산해 버릴 조합들이 많았다.

축산이 시세가 없으니 농장 주민들의 생활은 말이 아니었다. 심지어 학비를 감당하기 어려워 상급학교 진학을 못하는 자녀들도 많았다. 정부에서 도와주는 영세민 식량과 약간의 부식비 보조가 수입원의 전부이고 가축은 사육할수록 부채만 늘어나는 실정이었다. 노쇠하고 약한 주민들은 힘든 일을 할 수도 없는 처지여서 상황이 더욱 안 좋았다.

내가 다녔던 사료 회사의 회장님 사모님이 밀알회에 가입해 어려운 정착 농장의 실정을 듣고 여러 군데를 찾아다니며 은밀히 도와준다는 말을 들었다. 당시 나는 이렇게 고마운 분들의 회사에서 일하게 된 것이 자랑스러웠다. 그리고 어렵더라도 빚이 정리되고 허리를 조금만 펼 수 있으면 약한 그들을 도울 수 있는 길을 생각해 보리라 마음을 다져 먹었다.

그 당시에는 월급으로 부채의 이자조차 갚기 힘들었다. 그러나 그런 중에도 할 수 있는 한 원금을 조금씩 갚아 나가기로 결심하고 열심히 뛰었다.

슬프고 추웠던 성탄절

1989년 12월 17일, 교회는 성탄절을 맞을 준비로 바빴다. 그 즈음 혼자 생각한 것이 있어서 목사님과 장로님들을 만났다.

신발 공장을 하다가 남은 신발들이 있으니 금년 성탄절에 교회 직원 선물은 그것으로 대체하면 어떻겠는지를 의논했다. 시중에서 만 6천 원이나 만 8천 원 하는 죠다쉬 겨울 방한화를 만 원에 넘기겠다고 제안했더니 목사님과 장로님들도 좋다고 하셨다. 교회도 덕을 보고 나는 약간의 빚을 갚을 수 있어 좋다고 생각했다. 목사님과 장로님들이 조금이나마 나를 생각하고 도와주려는 것 같아 기쁘고 훈훈했다. 돈이 문제가 아니고 어려움 가운데 있는 성도를 도우려는 따뜻한 인정에 감사하며 물건을 준비했다.

그러나 그 일은 성사되지 못했다. 성탄 선물을 물건이 아닌 현금으로 달라는 몇몇 직원들의 요구가 받아들여진 것이다. 그 말을 듣자 서운한 생각이 들었지만 교회의 평화를 위해 내 욕심을 포기했다. 그러나 마음이 많이 아팠다. 신발 공장을 하다가 빚을 지고 집을 날렸을 때 받은 고통보다 훨씬 더 컸다. 나는 하나님께 용서를 구했다.

"하나님, 용서하옵소서. 얼마 되지 않는 물질 때문에 주의 종들에게 마음의 부담을 주었습니다. 그것 때문에 원망이나 불만이 일어나지 않게 하옵소서. 혹시라도 주의 종들이 상처받지 않도록 하옵소서."

12월 24일 밤, 성탄 축하 가족합창 경연대회가 있었다. 마음은 괴로웠지만 그런 티를 내지 않기 위해 의식적으로 유쾌한 모습을 보이며 대회에 출전했다. 아이들과 함께 찬송가 125장을 불렀는데, 우리 가족이 1등상을 탔다. 하나님께서 작은 위로를 주신 것이다. 그것이 하나님의 은혜인 줄 알고 우리 가족은 만족했다. 해마다 성탄절이 되면 온 가족이 밖에서 저녁 외식을 했지만 그해에는 하지 않았다. 여러 가지 일로 마음이 슬프고 외로웠기 때문이다.

자동차 사고

1989년 12월 26일 아침, 우울한 성탄절을 지낸 뒤라 기분이 몹시 가라앉아 있었다. 성탄절 선물 일로 받은 마음의 상처가 여전히 마음속에서 떠나지 않았다. 하지만 그보다 더 괴로운 것은 옹졸했던 나의 생각이 자꾸만 자신을 더 우울하게 만드는 것이었다. 하나님 은총의 빛은 언제나 내 머리 위를 비추고 있었는데, 나는 그것을 느끼지도 깨닫지도 못하고 있었다.

그날 오후 4시 20분쯤 집을 나서서 자동차에 시동을 걸었다. 일이 있어 왜관으로 가야 했기 때문이다. 심란하고 울적해서 영 내키지 않는 걸음이었지만 약속을 지키기 위해 출발했다. 동네를 빠져나와 복잡한 시내를 지나 경부고속도로에 들어섰다. 성탄절이 지난 다음 날이라 고속도로는 한산했다. 언제부터인가 우리나라 사람들도 성탄절을 하나의 명절로 삼고 있는 것이 틀림없었다.

약속 시간은 7시였기에 급하게 서둘지 않아도 될 것 같아 시속 90킬로미터를 유지하며 달렸다. 동대구 인터체인지를 지날 때는 6시 20분이었다. 겨울의 오후는 짧고 밤이 빨리 찾아오는지라 벌써 서서히 어둠이 깔리고 있었다.

조명등을 켜고 주행선을 달리는 화물 트럭의 뒤를 따라 시속 70킬로미터를 유지해 달렸다. 그러다 너무 늦은 것 같아 앞 차를 추월하기로 하고 신호를 넣었다.

추월선에 들어가 깜박이를 끄고 시속 100킬로미터로 달렸다. 5분쯤 가다가 앞을 보니 전방에서 조그만 화물 트럭이 추월을 하려고 깜박이 신호를 보내고 있었다. 순간 반사적으로 브레이크를 밟았는데, 갑자기 뒤에서 쿵 하는 소리와 함께 내 차가 앞으로 쓱 미끄러졌다. 그뿐이었다. 아차 하는 순간 사고가 일어났고 그 뒤의 일은 어떻게 되었는지 전혀 기억나지 않았다.

얼마나 시간이 지났을까? 온몸에 통증을 느끼며 겨우 눈을 떴더니 내가 핸들 아래 고개를 박고 있었다. 죽은 것인지 산 것인지 모르는 상태였다. 그때 내 귀에 사람들이 웅성거리는 소리가 들려왔다.

"이 사람 죽은 것 같은데, 빨리 끌어내자."

"아니야, 살아 있는 것 같아."

“건드려 봐! 살았는지 죽었는지.”

누군가가 내 옆구리를 꾹꾹 질렀다. 그러나 마치 꿈속처럼 나 자신을 지배할 수 없었고 눈을 뜰 수도 없었다. 몽롱한 상태에서 의식을 잃고 있었던 것이다. 어떤 사람이 나를 자꾸만 흔들어 깨웠다.

“이봐요, 정신 차려요!”

그제야 천근만근 무거운 눈꺼풀을 위로 올려 눈을 떴다.

“누구요?”

힘없이 뱉는 내 말에 나를 잡아 흔들던 사람이 눈을 동그랗게 뜨고 나를 바라보며 말했다.

“어 살았군! 여보시오, 어서 이쪽으로 나오시오.”

그 사람은 내가 밖으로 기어 나갈 수 있게 유리를 깨트려 구멍을 뚫어 놓았다. 뒤집힌 차 밖으로 나가야겠다는 생각은 있는데 몸이 말을 듣지 않았다.

“내 차가 왜 이렇게 되었지요?”

“교통사고요, 죽지 않고 산 것만도 다행이오. 빨리 나오시오.”

나는 힘을 내어 몸을 움직였다. 다행히 오른쪽 다리도 왼쪽 다리도 이상이 없는 것 같았다. 왼팔로 앉은 자리를 짚고 오른팔로 깨진 창문 쪽 문짝을 잡고 몸을 밖으로 밀어냈다. 간신히 차 밖으로 빠져나왔다. 신기하게도 몸에는 아무런 이상이 없는 것 같았다.

“다친 곳은 없소?”

어둠이 깔린 고속도로에서 운전기사들이 연민의 눈길로 나를 바라보며 무사하기를 빌고 있는 듯했다.

“별로 다친 곳은 없는 것 같은데요……..”

나의 말에 나를 둘러싸고 있던 사람들 모두가 함성을 질렀다.

"야, 기적이다. 기적!"

그렇다. 기적이었다. 분명 하나님께서 나를 보호해 주신 것이다.

인천에서 부산으로 가는 6인승 봉고 운전기사가 나를 자기 차에 태워 가까운 대구에 있는 병원으로 향했다. 차를 타고 가면서 내 몸을 살폈다. 5센티미터쯤 찢어진 오른쪽 팔꿈치에서 피가 흐르고 있었다. 왼쪽 발에는 약간의 타박상이 있었고, 오른쪽 눈 옆에 피가 조금 흘렀다. 그것은 깨진 유리창 문틈으로 나오다가 입은 상처인 듯했다. 운전대에 부딪혔는지 앞가슴이 조금 답답했다. 그러나 다른 곳에는 큰 이상이 없었다. 사고에 비해 경상이었다. 참으로 놀라운 일이었다. 조금 전에 운전기사들이 기적이라고 외친 말이 실감났다. 운전기사가 말문을 열었다.

"어디 많이 다친 것 같진 않아요?"

"예, 크게 다친 곳은 없는 것 같습니다!"

"참 놀라운 일입니다. 차가 모두 박살났는데 사람은 별로 다치지 않았다니, 어디 믿을 수 있는 일입니까? 이것은 기적이 틀림없습니다."

"저도 그렇게 생각합니다."

"처음부터 사고 현장을 목격했는데 아저씨 차를 들이박은 차는 벌써 달아나 버렸어요. 아마 아저씨가 죽은 줄 알고 겁나서 뺑소니를 친 것 같은데, 너무 놀라 자동차 번호를 보지 못했으니 이를 어쩌지요?"

"염려해 주셔서 정말 고맙습니다. 괜찮아요."

죽지 않고 살아난 것만도 얼마나 다행인가. 크게 다치지도 않았으니 또 얼마나 감사한 일인가. 달아난 운전기사에 대해서는 사실 별로 관심이 없었다. 고마운 운전기사는 대구 시내에 있는 한 병원 앞에 나를 내려 주고 다시 부산으로 향했다.

"잘 치료하세요."

"고맙습니다. 안녕히 가십시오."

나는 그에게 전화번호를 받아 두었다. 이다음에 만나서 감사 인사를 하고 사례하고 싶어서였다.

병원은 그야말로 초만원이었다. 세상에 교통사고가 이렇게 많은가? 나만 교통사고를 당한 줄 알았는데 병원에 와 보니 교통사고 환자 천지였다. 응급실은 환자들로 가득 차 있었는데 모두가 생사의 기로에서 죽어가는 위급 환자들뿐이었다. 그들에 비하면 나는 환자도 아니었다.

접수처에 수속을 하려 했더니 내 상처 정도는 치료할 여유가 없으니 다른 병원으로 가 보라고 했다. 온통 중환자뿐이어서 의사나 간호사들도 눈 코 뜰 새가 없었다.

할 수 없이 그곳을 나와 인근에 있는 다른 병원으로 갔다. 이전 병원보다는 조금 한산한 편이었다. 응급실에 들어가 상처를 치료받았다. 입원을 원했더니 병원에서는 입원실이 없다고 했다.

"집이 부산인데 어떻게 하지요?"

"여관에서 주무시고 내일 오전에 와서 치료받으십시오."

병원에서 나오자 박살난 자동차가 걱정되어 순찰대에 전화를 걸었다.

"사고난 자동차 운전사입니다. 차를 어떻게 하셨습니까?"

"차는 정비 공장에 실어다 놓았습니다. 그리고 가해자 운전사가 자수해 왔습니다. 빨리 순찰대로 오십시오."

급히 순찰대로 찾아갔더니 사고를 낸 5톤 트럭의 운전기사인 스물세 살의 청년이 앉아 있었다.

사고 났을 당시 운전기사 청년은 피곤하여 조수석에서 자고 있었고 자신의 조수가 운전하다가 사고를 냈다고 했다. 안전거리를 유지하지 않은 과속이 사고의 원인이었다.

나를 보자 청년의 얼굴이 밝아졌다. 내가 이미 죽은 줄 알고 무서워서 뺑소니를 쳤다가 양심의 가책을 느끼고 늦게나마 자수를 한 것이었다.

진술서를 쓸 때 나는 청년의 처벌을 원하지 않는다고 했다. 사고를 내고 뺑소니 친 것은 미웠지만 따지고 보면 그도 불쌍한 처지였다. 내가 죽지 않고 살아난 것만도 감사한 일이 아닌가. 일단은 그를 용서하고 싶었다. 그러나 청년에게 여력이 있다면 부서진 차나 보상해 주었으면 좋겠다고 생각했다. 워낙 막막한 형편이라 잠시 그런 생각을 해 봤다. 아마 내 형편이 괜찮았다면 그런 생각조차 하지 않았을 것이다.

이튿날 정비 공장에 가서 내 차를 보았는데 너무 놀라 기절할 뻔했다. 어느 한 군데 성한 곳이 없었던 것이다. 운전석만 겨우 제 모양을 갖추고 있을 뿐 박살이 나서 아주 흉한 모습이었다.

"오, 하나님!"

나도 모르게 이 소리가 튀어나왔다. 그리고 하나님께 감사를 드렸다. 일하던 정비공이 박살난 차 옆에 서 있는 내게 말했다.

"이 차 운전사는 중상 아니면 사망했을 거요."

나는 그 정비공에게 말했다.

"내가 바로 이 차 운전사입니다."

정비공은 무슨 말을 하느냐는 듯 나를 훑어보더니 말도 안 된다고 했다.

"무슨 농담을 하시는 거요. 차가 이런데 운전사는 분명 죽었을 걸요."

"그래요? 하지만 내가 이 차 운전사가 틀림없는데……."

피식 웃는 내가 이상했는지 정비공은 더 이상 아무 말도 하지 않았다.

그 차는 수리가 불가능했다. 폐차 처분을 할 수밖에 없었다. 새 차로 출고된 지 꼭 12개월 10일 만이었다. 아까운 생각이 들었다. 하지만 사람뿐 아니라 자동차도 사고가 나면 얼마 타지 않은 차라도 폐차 처분이 되는 것이다.

끔찍한 자동차 사고를 통해 나는 하나님께서 살아 계심을 새롭게 인식했다. 이 세상이 얼마나 무서운 곳이며, 이런 세상을 살아가는 나와 늘 함께하며 보호해 주시는 하나님을 실감할 수 있었다. 그리고 나를 사랑하는 하나님께서 내가 안고 있는 수많은 문제들도 하나하나 풀어 주실 것이라고 믿었다.

제2의 인생

대구에서 외상만 치료받고 병실이 없어 27일 오후 부산으로 내려왔다. 그리고 모 신경외과에 입원했다. 의사의 진단은 3주였다.

병실에 누워 생각해 보니 1989년 한 해는 실패와 사고와 위험이 끊이지 않았다. 너무나 고통스럽고 견디기 어려운 한 해였다. 내 입원 소식을 듣고 목사을 비롯한 많은 성도들이 계속 병문안을 왔다. 목사님이 말씀하셨다.

"이 집사님은 다시 태어난 어린 아이입니다. 이제 겨우 한 살이라고요. 이제부터 더욱 용기를 갖고 살아야 합니다. 이번 일을 통해 하나님께서 이 집사님을 얼마나 사랑하고 계신지 확실히 알게 되었지요? 그러니 용기를 잃지 말고 힘차게 새 출발하는 겁니다."

그렇다. 나는 다시 살아난 것이다. 1989년 12월 26일에 나는 죽었다. 내 슬픈 반생의 막을 내리고 이제 제2의 인생으로 다시 시작하는 것이었다. 앞으로는 하나님을 의지하던 줄을 더욱 힘차게 붙잡고 하나님의 도우심만 바라며 살아갈 것이다. 어떤 일이 있어도 용기를 잃지 않고 하나님의 뜻을 살피며 하나님의 영광을 위해 살아갈 것이다. 마음을 다잡고 나니 저절로 찬송이 흘러나왔다.

"나의 갈 길 다가도록 예수 인도하시니 내 주 안에 있는 긍휼 어찌 의심하리요. 믿음으로 사는 자는 하늘 위로 받겠네. 무슨 일을 만나든지 만사형통하리라. 무슨 일을 만나든지 만사형통하리라."

날 때부터 소경된 자를 보고 제자들이 예수님께 "이 사람이 소경으로 난 것이 뉘 죄로 인함이오니까 자기오니까, 그 부모이니이까?"라고 물었을 때 예수님은 분명한 대답을 주셨다.

"이 사람이나 그 부모가 죄를 범한 것이 아니라 그에게서 하나님의 하시는 일을 나타내고자 하심이니라."

우리 성도들에게 다가오는 모든 시험과 시련은 어떤 죄 값에 대한 보응이 아니라 하나님의 영광을 나타내시려는 뜻이 있기 때문이다.

나는 병상에서 더 큰 은혜를 받았다. 내가 당하는 시련과 고통을 하나님께서 결코 외면하지 않으신다는 확신을 가졌을 때 나의 마음은 하늘을 날아갈 것처럼 가볍고, 하나님의 위로가 임하는 것을 느꼈다.

병원에 누워 있는 동안 여러 생각이 오갔다. 한센병에서 완치된 음성인들은 몸에 남아 있는 흉한 상처 때문에 사회에서 소외되어 격리된 채 살아간다. 이들의 슬픔과 고통을 누가 치료해 줄 것인가? 이 슬픔과 고통이 당사자들 대에서 끝나야 하는데도, 그들의 2세들까지 부모의 병 때문에 고통을 당하며 슬픔 속에 살아야 하는 것은 또 무슨 부조리인가? 내가 일어나 다시 활동하게 되면 이제는 나 자신만을 위해서가 아니라 슬프고 고적한 우리 한센인 가족의 대변인으로서, 그들과 그들의 2세를 위해 노력하리라. 내 힘이 어디까지 뻗칠 것인지는 오직 하나님만이 알 수 있다. 그저 나는 할 수 있는 한 끝까지 힘써 볼 것이다. 그리하여 우리가 외롭기만 한 사람들이 아니라 모두 하나님의 영광을 위해 이 땅에 존재하고 있다는 사실을 세상 사람들이 알게 하리라.

작은 소망을 이루소서

업무상 전국의 정착 농장을 두루 돌아다니면서 안타까운 일들을 자주 목격했다. 그때마다 간절히 바라는 일들이 있었는데, 나는 그보다 먼저 하나님께 이렇게 물었다.

"저 한 사람만 도구로 삼아 뜻을 이루셨으면 족할 터인데, 어찌하여 자녀들에게까지 멍에를 지워 주시는 겁니까?"

자녀들이 겪는 고통은 나 자신의 발병보다 더 아프고 괴롭다. 음성인 자녀들은 결혼한 후에도 부모가 한센병이었다는 것이 문제가 되어 가슴 깊이 팬 상처가 다시 들춰진다. 이 사회가 아직까지도 그 정도밖에 되질 않는가, 아니면 사람들의 인식 부족과 무턱대고 경계하는 습성 때문인가.

나는 전국 90여 개 정착 농장을 다니면서 농장 주변의 마을 주민들을 자세히 관찰하는 버릇이 생겼다. 마을이 가까울수록 자세히 살펴보며 형제나 이웃처럼 주민들을 친근하게 대했다. K농장 역시 K동 주민들과 함께 식사하고, 양계장 일도 도우고 형제처럼 지냈다. 처음에는 K동 주민들도 다른 사람들과 마찬가지였으나 몇 년이 지난 후 완전히 달라졌다고 했다.

대부분 한 번도 정착촌에 와 보지 않고, 접촉해 보지도 않은 사람들이 무턱대고 한센병에 혐오감을 느끼고 거리감을 조성한다. 그래서 음성인 자녀들이 고통을 받는 것이다. 나는 하나님께서 한센병을 고치면 일반인과 똑같다는 인식을 하루속히 모든 사람들의 마음속에 심어 주시기를 기도한다.

우리나라 한센병 퇴치 사업은 세계 어느 나라보다도 잘 되어 있다고 생각한다. 1992년 1월 13일 태국으로 선교여행을 갔을 때 태국의 정착 농장 마을을 보고 크게 놀란 적이 있다. 30-40년 전 한국의 상황과 흡사했기 때문이다. 국가에서도 별다른 관심을 갖고 있지 않았다.

그러나 우리나라는 정부와 각 기관에서 나름대로 최선을 다해 한센병을 치료해 주고, 정착지도 마련해 주었으며 축산을 주업으로 하여 최소한의 의식주는 해결되고 있다. 한센병 환자 한 사람을 치료하기 위해 정부에서 막대한 예산을 투입하고 있는 것이다.

한센인들은 다시 건강해진 몸으로 양계장도 짓고, 양돈장도 지어 자립하고 자녀들도 양육한다. 그러나 국제 경쟁 시대에 돌입하면서 축산물까지 심각한 문제가 일어나고 있다. 그래서 20-30년 전에 지은 몇 평 안 되는 재래식 축사에다 돼지 몇 마리와 닭 몇천 마리를 키워서는 인건비조차 건지기 어려운 형편이다.

우루과이 협상으로 생계 위협을 가장 많이 받은 곳이 바로 우리 한센인 가족들의 정착 농장이었다. 1991년에는 달걀 값이 폭락해서 위협을 받았고, 1992년에는 돼지 파동으로 빚더미에 앉았다. 축사 시설도 점점 낙후되어 가고 주민들의 건강마저 쇠약해지고 있으니 큰 걱정이 아닐 수 없다.

서울 경기 지방의 몇몇 농장은 축산업에서 벗어나 아예 축사를 개조하고 공장을 유치하여 거기서 나오는 세를 받아 잘사는 사람들도 있다. 그러나 경상도와 전라도의 정착 농장은 축산업 외에는 생업을 이을 별 도리가 없다. 그러니 정부에서 신경을 써 주었으면 싶다. 정부에서 적극 나서서 농장의 축사 시설을 현대화하여 노동력을 절감할 수 있게끔 국제 경쟁력에 이길 수 있는 기반 조성을 범국민적인 차원에서 깊이 연구해 볼 필요가 있다고 생각한다.

한편 언론 기관이나 종교 단체, 사회 지도자 분들의 역할이 중요하다. 얼마 전, C동 기독청년연합회 주최 복음화 성회를 S교회에서 개최한 적이 있다. 그날 나는 초대 회장으로 대표 기도를 드린 뒤 설교를 듣게 되었다. 강사는 J 목사로 부흥사로는 꽤 유명한 분이었다.

그러나 나는 그의 설교를 듣고 큰 충격을 받았다. 몇 년 전, B교회에서 불우이웃돕기 성금 30만 원을 갖고 소록도 중앙교회에 위문하고 왔다는 이야기를 할 때였다. J 목사는 현재 치료받고 있는 한센병 환자의 실태를 묘사하는 과정에서 듣는 사람들이 심한 혐오감을 느낄 정도로 과장해서 말하는 것이었다. 사람들의 관심을 끌기 위해서였겠지만 너무 어처구니 없는 일이라 듣고 있는 내내 몹시 불쾌했다.

더구나 그 자리에는 C농장 주민들도 많이 참석했다. 예배가 끝난 뒤에

J 목사를 찾아가 그 부분에 대해 소상히 물었더니 그는 별것 아닌 것처럼 흘려 버렸다. 그러나 이미 많은 교인들에게 한센인에 대한 거리감과 혐오감을 조성하는 결과를 초래하고 말았다.

돈 몇 푼 기부하면서 우리 한센인들을 언어폭력으로 더욱 비참하게 만들어 버리는 것은 어떤 도움이나 위안도 되지 못한다. 가볍게 흥미삼아 던진 말에서 우리가 받는 충격은 너무나 크다. 가끔 신문이나 텔레비전을 볼 때도 비슷하다. 드라마나 신문 기사에서도 한센병을 표현할 때 너무 과장되게 묘사하거나 혐오감을 느끼게 해서는 안 된다.

언론에 종사하는 분들이 한센병을 소재로 다룰 때는 반드시 직접 찾아가 경험해 보고 실제의 이야기를 다루어야 한다. 사람들의 관심이나 흥미를 끌기 위한 한두 사람의 실수는 보건사회부나 한성협동회가 많은 예산을 들여 이룬 한센병에 대한 홍보 사업을 물거품으로 만들 수도 있다.

그런가 하면 산청에 있는 성심원 같은 곳도 있다. 이곳은 천주교 단체에서 운영하는 치료 기관으로, 안타깝게 치료 시기를 놓친 분들과 심약한 분들만 있는 곳이라 굉장히 열악한 곳이다. 하지만 고마운 수녀님 몇 분이 직접 한센인들의 식사를 지으며 가족처럼 살아가고 있다. 또한 내가 다시 태어난 곳, 소록도에도 자원봉사 간호사가 200여 명이나 있다. 그들은 병간호와 치료는 물론이고 빨래와 궂은 일까지, 심지어 목욕까지도 아름다운 손으로 직접 시켜 주고 있다. 뿐만 아니라 한센병을 치료받은 젊은 청년들과 결혼해서 사는 간호사도 꽤 많다.

이런 분들이 있는 한 우리 한센인들은 외롭지 않고, 용기도 얻을 수 있다. 한센인들도 과거처럼 병들었다는 이유만으로 한평생을 그늘 속에서만 살 수는 없다. 당당히 사회로 나와 제 몫의 역할을 해내야 한다.

또한 우리 한센인 가족들은 남달리 주위에 빚을 많이 지고 사는 것 같다. 국가와 사회에도 빚만 졌고 나 한 사람으로 인해 가족들에게도 고통을 주었고 부모님 가슴에 못을 박았다. 빚을 지고 사는 것은 참으로 무거운 짐이다. 그렇다고 갚을 능력이 있는 것도 아니지만, 성실히 살아가며 고마움을 느끼고 기도하는 마음으로 산다면 하나님께서 그 빚을 대신 갚아 주시리라 확신한다.

요즘 몇몇 농장에서는 형편이 좋아지면서 갑자기 넉넉해진 생활을 억제하지 못하는데 그럴 때일수록 지나치게 낭비해서는 안 될 것이다. 우리 주위에는 아직도 어려운 처지에 있는 정착 농장이 있다는 사실을 잊지 말아야 한다. 비참했던 과거를 되새기며 아직 자립하지 못하고 어려움을 겪고 있는 처지의 형제들을 친형제처럼 보살펴야 한다.

1991년 4월 광주에 다녀온 적이 있다. 동창회라는 명목으로 섬에서 함께 치료받던 친구들을 만났다. 그들은 전국의 각 정착촌 농장에서, 또는 사회에 적응해서 제각각 열심히 살고 있었다. 모두 건강한 모습들이었다. 그러나 그들의 얼굴에 드리운 어두운 그림자를 심심치 않게 발견할 수 있었다. 우리들은 생활수준의 격차를 차림새에서부터 느낄 수 있었던 것이다. 넓지도 않은 한 나라 안에서도 경기도, 전라도, 경상도의 생활수준이 이렇게 차이가 날 수 있을까? 그것은 놀랄 일이었다. 이제부터라도 앞서가는 분들이 자발적으로 나서서 어렵게 생활하는 한센 형제를 위해 많은 격려와 경제적인 지원을 아끼지 않기를 바란다.

태국 같은 가난한 나라의 정착촌을 돕는 일도 중요하다. 과거 우리도 외국의 선교사들로부터 많은 도움을 받았다. 그때 진 빚을 갚아야 할 때가 온 것이다. 온누리선교회에서는 그동안 여러 차례 태국을 방문하며,

정착 농장 30여 곳에 교회와 신학교를 설립해 주었다. 그리고 앞으로 10년 동안은 태국 교회를 꾸준히 지원해 주기로 현지의 노회장과 서명식도 가졌다.

문득 사도행전 1장 8절 말씀이 머리를 스쳤다.

"오직 성령이 너희에게 임하시면 너희가 권능을 받고 예루살렘과 온 유대와 사마리아와 땅 끝까지 이르러 내 증인이 되리라 하시니라."

국내든 국외든 상관할 일이 아니다. 우리는 거저 받았으니 또한 거저 베푸는 것이 당연하지 않을까?

10. 선교를 위하여

정착촌 사람들

내가 처음 입사한 사료 회사는 동서농산이고 그 뒤 여러 회사를 거쳐 도드람사료에서 특판을 담당하였다. 정착촌 주민들은 거의 모두가 축산업을 하기 때문에 전국 60여 개 사료 회사가 정착촌 판매에 열을 올리고 있었다. 수년 동안 이 일을 해 왔던 나는 사료 회사를 옮길 때마다 실적을 올렸다. 하지만 중국 선교를 시작하면서 제일제당을 마지막으로 직장생활을 청산하려고 했다.

그러나 그 뜻을 접고 도드람사료에 근무하게 된 것은 중국 선교를 위해 기도하던 중에 우연히 도드람사료의 이해석 소장을 만나면서다. 이 소장은 8년 전에 동서농산에서 함께 근무한 적이 있었고, 근무 당시 같은 그리스도인으로 신우회를 만들어 10여 명이 가끔씩 모여 기도회도 가졌다.

달마다 선교 기금을 모아 진영에 있는 고아원과 부산 소년원에 도움을 준 일도 있었다.

이 소장은 도드람사료 경남물류센터 사장을 내게 소개해 주었다. 그분의 배려 덕분에 나는 중국 선교에 구애받지 않게 활동하면서 일할 수 있었다. 물론 경남 정착촌 주민들의 많은 협조와 도움 또한 빼놓을 수 없다. 그들이 큰 힘이 되어 판매 물량도 증가했기 때문이다. 모두가 하나님의 은혜였다.

경남 지역에 있는 29개 정착촌은 각 농장마다 형편이 다르다. 어느 농장은 한센 형제 1세들이 노령화되어 축산을 포기하고 국가에서 주는 영세민 혜택으로 나름대로 생계를 유지하고 있다. 그리고 그들의 2세들이 사회에 진출하거나 사업으로 성공해 사회생활에 뿌리를 내리면서 1세들의 아픈 과거를 끝냈다.

반면 어느 농장은 2세들이 부모에게서 받은 양계·양돈 축산업을 잘 운영하지 못해 사료 빚만 지고 있다. 그러니 경제적으로 어렵고 신앙생활도 성실하게 하지 못해 곤란에 처한 농장이 많다. 심지어 축산 불황이 겹쳐 도산하는 농장도 있다. 자금이 원활하지 않아 불황의 테두리를 벗어나지 못하고 1세대의 아픔이 다시 되풀이되는 것이다. 참으로 안타까운 일이다.

그들이 부모님이 운영하던 축산업을 지속하려면 보다 효율적이고 한 단계 높은 축산 기술이 필요하다. 물론 하나님께 매달려 기도하면서 끊임없이 연구하고 공부하는 일을 게을리 해서는 안 된다.

이들 가운데 모범이 되는 농장을 꼽자면 함안에 있는 득성농장이다. 함안군 가야읍에서 진동면 쪽으로 약 6킬로미터쯤 가면 아름다운 교회가 보인다. 건축된 지 얼마 안 되는 함성교회이다. 이 동네 60여 가구 모두가 그리스도인이며 경남 지역 29개 정착 농장 가운데 1세대에서 2세대로 신앙이 잘 전수된 곳이다. 자녀들이 신앙생활을 잘 하고 있으며 IMF 경제 위기 속에서도 교회를 신축했다. 그들은 교회 신축 도중에 건설업자가 부도를 내는 위기에 처했지만 지혜롭게 극복했다.

특이한 것은 이들 2세들 가운데 일곱 명이 모여 우림 법인체를 만들어 양돈을 현대화시킨 일이다. 이들은 지금 어느 농장보다도 앞서가며 적극적으로 살고 있고 부모님을 모시면서 함께 신앙생활을 하고 있다. 양돈업 불황에도 이들은 힘을 모아 교회 안에 멀티미디어를 설치했고 지역사회를 위해서도 많은 봉사에 나선다.

우연히 새로 지은 이 교회 앞을 지나게 되었다. 할머니 한 분이 교회 청소를 하고 있었는데, 마침 돌아오는 주일에 입당예배를 드린다고 말했다. 나는 마음에 감동을 받아 이 교회 입당예배 때 강단에 놓을 꽃 화분을 헌화했다.

하나님을 믿는 같은 성도의 입장에서 이들이 자랑스러웠다. 과거 한센병 환자였던 부모가 어렵게 키운 자녀들이 자신의 부모를 모시고 신앙을 이어받아 축산업을 성공시키고, 아름다운 교회도 짓고 부끄럽지 않게 사는 모습이 보기 좋았다. 이 모두가 하나님의 뜻이며 다른 농장에도 이어지기를 바라는 마음이다.

신동방에 특판 부장으로 근무할 때 전국 정착촌을 방문하면서 참 많이 놀란 적이 있다. 대부분의 축산 농가가 사료 빚에 시달리고 있었던 것이다. 신동방도 40억 원 사료 외상 대금이 전국에 깔려 있었고, 다른 회사들까지 합친다면 축산 농가 전체는 수백 억 원의 빚을 지고 있다고 추측

된다. 축산 불황으로 경매 직전까지 간 농장도 있고, 빚 독촉에 못 이겨 아예 농장을 버리는 사람도 생겨났다. 어렵게 병을 치료받고 사회에 정착했지만 경제적으로 자립하지 못한 농장이 생각보다 많다.

그중 서산 영락원은 2억 8천여 만 원의 사료 빚 때문에 경매 직전의 위기에 있었다. 그 농장은 성결교에 속한 50여 가구의 농장이었다. 나는 당장 농장 구명운동에 나섰다. 농장을 살리기 위해 교회복음신문사의 협조를 받아 기자를 동행해 집중 취재하여 각계에 호소했다. 성결교 총회장을 찾아가 도움도 요청했으나 별로 도움을 얻지는 못했다.

할 수 없이 우선 내가 근무하는 신동방에 협조를 구하고, 해표사료의 도움을 받아 빚의 일부를 변제하고 차차 전액 탕감하는 방법으로 해결을 지었다. 가장 어려운 농장 몇몇 곳의 빚도 같은 방법으로 해결했다. 하나님께서 내게 사료 회사의 많은 사람들을 연결해 주셨기에 가능한 일이었다. 전국에 수많은 사료 회사들이 정착촌에 도움을 준 결과 한센 형제들이 축산업을 하면서 자립 기반을 조성하게 되었다. 또 사료를 판매하는 동안 부득이하게 빚을 지게 되어 어려움에 처한 농장은 일부 탕감을 하여 해결했으나, 고의적으로 외상 대금을 갚지 않은 사람에게는 선한 마음으로 설득하여 변제하도록 했다.

한편 전국을 다니다 보니 치료받은 한센 형제들이 건강 관리에 너무 소홀한 것 같았다. 신동방에 도움을 요청하여 한센병의 권위자이며 한센병 퇴치에 평생을 바친 전 영남대 총장 유준 박사님을 모시고 전국 정착촌 순회 건강 관리 세미나를 열었다. 박사님은 82세 고령에도 불구하고 3개월 동안 전국을 함께 다니면서 한센병 환자의 노후 관리와 2세들의 궁금증을 해결해 주었다.

유준 박사님의 강의 내용을 간단하게 정리하면 이렇다. 한센병을 치료받은 사람들은 손발을 불에 데거나 특히 얼지 않게 해야 하며, 과로하지 말고 영양을 고루 섭취하고, 규칙적인 생활과 다른 질병에 걸리지 않도록 특히 주의해야 한다. 또 신앙생활을 열심히 하여 마음의 안정을 갖는 것이 중요하다고 했다. 요즘은 의학이 발달되어 'ROM 처방법'으로 한센병을 쉽게 치료할 수 있다고도 했다.

ROM 처방법이란 리팜피신 600밀리그램, 오푸신 400밀리그램, 미노신 100밀리그램을 혼합하여 사용하는 처방이다. 4,5일 동안 복용하고 증상에 따라 약제를 증감하여 복용하면 쉽게 퇴치할 수 있으며 결코 무서운 병이 아니라고 강조했다.

박사님과 여관에 함께 투숙하면서 많은 대화를 나눴다. 한센병을 위해 평생을 바쳤고 고령의 나이에도 한센 형제를 사랑하는 마음은 여전했다. 지금의 정착촌 가운데 유준 박사님의 손길이 닿지 않은 곳은 없으며 세계 어느 나라보다도 가장 성공한 한국의 한센인 정착촌을 만드는 데 일조한 분이다.

〈새롭게 하소서〉에 출연하다

1994년 5월, 교회복음신문사 김성원 사장에게서 전화가 왔다. 가 보니 CBS 기독교방송의 〈새롭게 하소서〉 프로그램에서 간증 교섭이 왔다며 서울에 가자고 했다. 평소 CBS를 즐겨 듣고 특히 〈새롭게 하소서〉 방송을 들으면서 은혜를 많이 받았는데, 내게 출연 요청이 오다니……. 출연

교섭을 받고 처음에는 갈 것이냐 말 것이냐 한참 망설이고 고민했다. 김 사장은 방송국장이 직접 결정하여 선택한 것이니 꼭 가야 한다고 했다.

출연을 결심하고 서울에 갔을 때, 방송국장이 프로듀서 한 사람과 함께 직접 마중 나와 있었다. 반갑게 인사를 나눈 뒤 〈새롭게 하소서〉 녹음실에서 고은아 집사님과 ○○집사님의 사회로 녹음을 했다. 그동안 하나님을 믿게 된 동기와 하나님 은혜로 한센병을 깨끗이 치료받은 은혜를 나누었고 한센병은 치료될 수 있으며 또 치료받은 후에는 건강하게 사회생활을 할 수 있다고 간증했다. 간증이 방송된 뒤에는 많은 곳에서 전화가 오고 간증집회 교섭도 받았다.

1996년에는 부산에 있는 한국기독교신문사에 선교국장으로 일하게 되었다. 여전히 사료 회사에 다니면서 간증집회에도 다녔는데, 주로 신문사에서는 한센인에 대한 계몽에 주력했다. 전국 정착촌 상황과 한센 형제들에 대한 자료를 수집하여 한센인에 대해 잘 인식하지 못한 분들을 위해 글을 싣고, 어려운 정착촌에 대해서는 도움을 주는 기사도 실었다.

어느 날, CTS 기독교 TV에서 신문사로 전화가 왔다. 〈42번가의 기적〉이란 프로의 방송작가인데 나를 만나고 싶다고 했다. 부산 크라운 호텔 커피숍에서 그 작가를 만났더니 그녀는 소록도에 가서 내가 처음으로 썼던 수기집 1판을 읽고 결정했다며 프로그램 출연을 위해 함께 서울로 가자고 했다.

하지만 나는 거절했다. 그동안 여러 곳을 다니면서 간증집회를 할 때마다 지난 과거를 이야기했는데, 아직 한센병이 제대로 인식되지 못한 사회라 우리 아이들에게 걸림돌이 될 것 같아 조심스러웠다. 특히 혼기에 있는 큰딸에게 아빠가 한센병 환자였다는 사실이 불이익이 될까 싶어 늘

조마조마했다. 그런데 텔레비전에까지 나와 간증하라니, 선뜻 응할 수 없었다.

그녀는 그것이 무슨 걱정이냐며, 지금까지도 하나님께서 지켜 주시고 보호해 주셨는데 그 일로 망설일 수 있느냐며 함께 서울로 가지 않으면 자신도 가지 않겠다고 3일 동안 여관에서 머물며 나를 설득했다.

아내에게 조언을 구했더니 절대 반대였다. 예상대로 아이들의 앞길 때문이었다. 더 이상 지난 아픈 상처를 드러내지 않기를 원했던 아내는 만약 내가 방송에 출연하면 이혼하겠다고까지 말할 정도로 크게 반대했다. 나는 고민이 되었다. 그러나 작가에게 이런 사정을 이야기해도 막무가내였다. 나를 못 데리고 가면 직장을 잃게 된다며 22권의 책 중에서 선택하여 결재받은 것이니 꼭 동행해 달라고 간곡히 청했다.

며칠 동안 기도하면서 고민했지만 그래도 확신이 서지 않았다. 주일날 교회에 가 보니 담임 목사님이 보이지 않았다. 갑자기 수술을 받으러 서울에 가셨다며 모든 교인들이 침울해 있었다.

40대 나이로 상애교회로 오신 목사님은 부임한 지 일 년이 조금 지났다. 그는 한센 형제들에게 깊은 관심을 갖고 매우 헌신하는 분이었다. 30여 년 동안 상애교회에 다니면서 수많은 교역자들이 다녀갔으나 이상붕 목사님만큼 헌신적이지는 못했다.

나는 목사님과 함께 심방 갔을 때 험한 손을 부둥켜 잡고 기도하는 모습에서 큰 감명을 받았다. 우리 교회 모든 교인들은 좋은 목사님을 보내 주신 하나님께 감사했다. 그런데 목사님이 갑자기 서울에 수술을 받으러 가셨다는 것이다. 나는 모든 일을 제쳐 놓고 목사님이 입원해 계신 서울 경희대병원을 찾았다.

그런데 목사님이 수술을 받게 된 사연을 듣고 또 한 번 놀랐다. 목사님의 신학교 동기생이 신장이 나빠 사경을 헤매고 있었는데, 신장 이식 수술을 받지 않으면 살기 어려운 상황이라 그 친구에게 신장을 기증하려고 수술을 받은 것이다. 문득 얼마 전 교회에서 목사님이 친구에게 신장을 기증한다는 이야기를 듣고 전 교인 800여 명이 반대했던 일이 생각났다. 그 뒤 잠잠해서 그냥 넘어갔다고 생각했는데, 목사님은 혼자 고민하다 사모님과 교인들에게 알리지 않고 신장을 기증하기로 결정한 것이다.

신장을 기증한 목사님은 몸에 42바늘이나 꿰맨 흔적이 있었다. 약 35센티미터였고 무척 고통스러운 모습이었다. 신장을 기증받은 동기 목사님은 옆방에서 치료받고 있었는데, 그 부인이 고마워서 어쩔 줄 몰라했다.

그 모습을 보자 갑자기 정신이 번쩍 들었다. 하나님께 죄송한 생각도 들었다. 목사님은 귀한 몸 일부를 친구를 위해 나누면서 하나님의 사랑을 몸소 실천하는데, 나는 그때까지 받은 은혜가 많은데도 자녀들과 아내의 반대를 핑계로 하나님의 영광을 알리는 방송 출연을 망설이고 있었던 것이다. 그 자리에서 바로 〈42번가의 기적〉 방송 작가에게 전화를 걸었다.

드디어 〈42번가의 기적〉이란 프로그램에 출연하게 되었다. 나는 한 시간쯤 간증하는 동안 방청객들과 함께 많은 눈물을 흘렸다. 하나님께서 역사하심을 다시 체험하는 시간이었으며 한센 형제에 대한 사회의 인식이 새로워지기를 간절히 기도했다.

그 뒤 15일이 지난 일요일 밤이었다. 밤 12시쯤 해운대에 사는 처제에게서 전화가 왔다.

"형부, 텔레비전 켜 봐요. 지금 형부가 나오고 있어요."

처제는 매우 불쾌한 듯한 말투였다. 녹화한 사실조차 까마득하게 잊은 채 언제 방송되는지도 몰랐는데, 처제가 먼저 방송을 본 것이었다. 아내가 눈치챌까 봐 서둘러 전화를 끊었지만 그날 나는 밤새도록 잠이 오지 않았다.

아내의 분노와 하나님의 역사

다음 날 아침, 처제의 전화를 받은 아내는 예상대로 무척 분노했다. 가족회의에서 그렇게 반대했는데, 텔레비전에까지 나가 무엇이 자랑이라고 떠들었느냐며 식사도 거른 채 펑펑 울었다. 나는 달리 할 말이 없었다. 그저 미안하다고 말할 뿐이었다. 우리 교회 목사님이 수술받은 것을 보고 갑자기 마음이 움직여서 나갔다고 해명했다. 더욱이 부산에는 케이블 방송이 설치되지 않았으니 가까운 분들의 눈만 피하면 될 것이라 생각했다고 얼버무렸다. 그러나 아내의 화는 쉽게 가라앉지 않았다.

며칠 동안 밖에도 나가지 않고 두문불출하던 아내는 주일날 아침이 되었는데도 교회에 갈 생각을 하지 않았다. 단단히 화가 난 모양이었다. 얼굴도 수척해 보였고, 아침을 준비하다 손을 베었는지 붉은 피가 나고 있었다. 붕대로 싸매 주려 했지만, 아내는 대꾸도 하지 않았다. 아직도 화가 풀리지 않은 듯했다.

한 달 전부터 해운대 해운교회에서 간증집회 요청이 있었다. 간증집회 전날 저녁에도 확인 전화가 와서 대답은 해 놓았지만 아내의 일로 마음이 심란해 망설이고 있었다.

아내의 마음을 어떻게 풀까 걱정하면서 주일 오전예배를 마치고 무거운 발걸음으로 해운교회로 갔다. 수비 삼거리에 위치한 해운교회는 약 천여 명쯤이 모이는 중대형 교회였다. 성도들이 준비 찬송을 부르는 모습과 교회 분위기가 매우 은혜로웠다.

그날따라 간증집회를 인도하면서 눈물을 많이 흘렸다. 나 자신의 모습이 너무 초라하게 느껴졌고 자랑스럽지 못한 과거를 이야기하는 것이 고통스러웠다. 부끄러운 생각마저 들었다.

간증 시간에 얼마 전에 방송에서 나를 본 사람이 있느냐고 물었더니 10여 명이 손을 들었다. 나는 방송 출연까지의 과정을 간증했고, 그 출연 때문에 생긴 아내와의 갈등도 이야기했다. 이 이야기를 들은 성도들이 많은 은혜를 받았다. 간증을 마친 뒤 담임 목사님이 통성기도를 인도했다.

"이 집사님 가정에 하나님의 역사가 나타나게 해 주시며, 하나님께서 이 집사님을 굳게 붙들어 낙심하지 않게 해 달라고 다 함께 기도합시다."

10분쯤 모든 교인과 함께 기도했다. 그날 목사님은 성도들에게 강사 집사에게 별도 사례비를 드리지 않을 테니 은혜받은 대로 헌금하라고 했다. 그리고 예배를 마친 뒤 헌금봉투를 한 묶음 내게 건네면서 "사모님과 함께 식사라도 하십시오"라고 위로했다.

그날 저녁, 무거운 마음으로 집에 돌아와 초인종을 눌렀다. 누군가 급히 나와 문을 열었다. 큰딸 아이인가 싶어 쳐다보니 아내였으며 매우 밝은 모습이었다. 손에는 붕대를 매었고 예쁘게 화장도 하고 있었다. 아내는 오전에 교회에 나가 회개의 눈물을 흘렸다며 이렇게 말했다.

"여보, 내가 당신을 실망시켜 드렸어요, 미안해요. 지금까지 하나님께서 당신과 늘 함께 계신다는 사실을 망각하고 아이들 앞일만 생각했어요. 심려를 끼쳐 드려 죄송해요."

순간 나는 하나님의 역사하심을 또 한 번 느꼈으며 천여 명 통성기도의 위력을 새삼 실감했다. 그날 저녁은 평온한 마음으로 하나님께 감사드리며 아내와 즐겁게 외식하는 시간을 가졌다.

미국 간증집회

1996년에 한국기독교신문사 선교국장을 할 때다. 부산 제일감리교회 오성태 장로님을 교회복음신문사에서 자주 만난 것이 인연이 되어 장로님이 시무하는 교회에서 간증한 적이 있다. 또 오 장로님 친구가 미국 휴스턴 탈로우드 교회에서 시무하시는데, 오 장로님이 친구에게 내가 쓴 수기집을 한 권 보낸 것이 계기가 되어 초청장을 받았다. 10월 18일부터 3일 동안 열리는 특별집회에 와서 간증집회를 인도해 달라는 것이었다. 그러면서 20여 일 동안 댈러스, 샌프란시스코 등 순회 간증집회 일정까지 짜서 보냈다.

그것은 놀라운 일이었다. 꿈에서만 그리던 미국에 갈 수 있다는 사실이 실감나지 않았다. 그러나 초청을 받아도 미국은 비자 내기가 어려워 가지 못하는 사람이 많았기 때문에 나도 비자를 발급받을 수 있을까 걱정이 앞섰다.

우선 하나님만 믿고 서류를 준비했다. 당시 동서농산에 다니고 있었기에 재직 증명서를 준비하고 세금납부실적을 세무서에서 발급받아 여행사 대표를 맡고 있었던 이우성 장로님을 찾아가 의논했다. 다행히 큰 어려움 없이 비자를 받을 수 있었고 겸사겸사해서 아내도 10년 비자를 발급받았다.

드디어 10월 16일, 회사에 양해를 구하고 여행 경비 300만 원을 빌려 꿈속에서만 상상하던 샌프란시스코행 비행기에 올랐다. 김포공항에서 출발해 미국까지 12시간 동안 비행기를 타고 가면서 가슴이 마구 설레었다. 샌프란시스코에 도착하자 항공사 여직원이 나와 피켓을 들고 기다리고 있었다. 그 여직원은 샌프란시스코에서 휴스턴으로 가는 비행기를 탈 수 있도록 친절하게 안내해 주었다. 외국에서 한국 사람을 만나니 한층 더 반가웠다.

휴스턴 공항에는 탈로우드 교회의 백예철 목사님이 직접 마중 나와 기다리고 있었다. 목사님은 나를 보더니 한동안 아래 위를 여러 번 쳐다보았다. 일단 초청은 했지만 몸이 흉하거나 한센병 흔적이 많으면 어쩌나 걱정한 모양이었다. 그러나 아무 흔적 없이 깨끗한 모습을 보고는 매우 놀라워했다.

18일부터 '사망의 산골짜기에서 함께하신 하나님'을 주제로 간증을 시작했다. 네 시간에 걸쳐서 첫 번째 시간은 소록도에 가기까지, 두 번째 시간은 치료받은 은혜, 세 번째 시간은 일반인으로서 사회 적응, 마지막 시간에는 선교를 위한 영광스런 삶에 대해 간증했다. 교인들은 대부분이 교포들이었는데, 20여 년 전에 이민 온 사람, 외국 특파원으로 있다가 사업하는 사람, 태권도 관장으로 도장을 운영하는 사람, 석유회사 직원 등 다양했다.

하나님 은혜로 한센병을 치유받아 미국에까지 와서 간증하는 것은 처음 있는 일이라고 했다. 눈썹으로 인해 고민하고 사회 적응이 어려워 고통 받다가 수술하여 기적적으로 눈썹 이식에 성공해 미국까지 자유롭게

올 수 있었다는 간증에서는, 많은 교인들이 머리카락 하나까지도 하나님께서 감찰하고 있다는 사실에 감사하면서 큰 은혜를 받았다. 예배가 끝난 뒤, 많은 성도들이 목사님 앞에 줄 서 있는 것을 보았다. 알고 보니 교인들이 나를 자기 집에 초대해 함께 식사하고 기도해 주기를 원해 순서를 정하는 것이었다.

내가 머물게 된 강사 숙소는 정말 환상적이었다. 궁궐 같은 저택에 온 바닥에 카펫이 깔려 있고 목욕탕이 2개인데다 침대는 내가 평생 한 번도 누워 보지 못한 화려한 것이었다. 침대에 누워 지난 일들을 돌이켜 보았다. 소록도에서 치료받고 교회에서 기도할 때 꿈인가 환상 속에서 보여준 모습이 생각났다. 마치 그 집에 온 듯하여 낯설지가 않았다.

여자 집사님들은 시시때때로 한국 음식을 만들어 주었다. 아무것도 아닌 나를 유명한 목사 이상으로 대해 주니, 그저 하나님께 감사할 뿐이었다. 한 집사님 부부가 찾아와 기도해 주기를 청하여 함께 손을 잡고 기도했다. 옷차림은 허술해 보였지만 순수하고 신앙이 몸에 깊게 배어 있는 부부였다. 저녁에 그 집사님 댁에 초대받아 방문했다. 집사님은 석유 회사 부장이었고 부인은 꽃가게를 운영하는 미국 사회에서 성공한 교포였다. 재산이 많아도 있는 티를 내지 않고 순수한 모습으로 사는 그들의 모습에서 배울 점이 많았다.

탈로우드 교회의 백예철 목사님은 가장 기억에 남는 미국 여행을 하게 해 주었다. 아직까지 한센병에 대해 잘 인식하지 못한 사람들이 많은데 어려움을 무릅쓰고 결단을 내려 초청해 주셨고, 댈러스 서남교회와 영광교회를 소개시켜 주셨다.

영광교회 윤유종 목사님은 댈러스 전체를 관광시켜 주었다. 고 케네디

대통령 암살 장소도 구경했다. 차 안에서 이야기하는 동안 윤유종 목사님이 미국 전체 침례교단에서 간부로 일하고 있는 것을 알게 되었다. 마침 총회 모임이 있어 함께 갔는데 수많은 미국 목사들이 회의를 하고 있었다. 그 큰 회의에 윤 목사님의 축도 순서가 있는 것으로 보아 중요한 일을 맡고 계신 것이라고 생각했는데, 알고 보니 윤 목사님은 미국 전체 침례교단에 북한선교위원장이며 신학교 교장이었다. 북한에 여러 번 방문한 적이 있고 봉수교회에서 북한 고위 간부들과 만나 예배드리며 많은 구제금을 가져다주었다고 했다.

목사님과 이야기하다가 다음에 북한 방문 기회가 있으면 북한에 살고 있는 한센 형제를 꼭 찾아보고 도와주고 복음을 전해 달라고 부탁했더니, 목사님이 무릎을 치면서 왜 그 생각을 못했을까 하며 반가워했다.

귀국한 뒤 윤 목사님에게 편지를 받았다. 나를 만난 뒤 수개월이 지나 북한에 가서 고위층을 만나 사정해 봤지만, 끝내 한센인 형제를 소개하지 않아 만나지 못하고 왔다는 내용이었다.

며칠 뒤 나는 샌프란시스코로 향했다. 제일 먼저 찾아간 교회는 콩코드 교회였다. 길영환 목사님이 계셨는데 그는 나와 동향으로 충남 금산 출신이었다. 콩코드 교회는 천여 명이 모이는, 교포 교회 가운데서도 큰 교회에 속했다. 오전예배 시간에 간증집회를 가졌는데 성가대 지휘는 미국인 목사님이 했고 은혜로운 찬양이었다.

한국 교회에서도 오전예배에서 간증해 본 적은 별로 없었다. 뜻밖에 귀한 시간을 내주어서 떨리는 가슴으로 하나님의 은혜를 간증했다. 많은 성도들이 함께 울었으며 그 가운데 40대로 보이는 자매 한 분은 가슴을 치며 통곡했다.

예배를 마치고 그 자매와 함께 식사하면서 이야기를 나누었다. 그녀는 20년 전에 부산 범일동 제일병원 간호사으로 근무했다고 말했다. 당시 한센병 환자가 다른 질병으로 찾아왔는데, 그녀는 진찰할 때 사람 취급도 하지 않았다고 했다. 그녀는 다른 간호사에게 임무를 맡기고 도와주지 않았으며 멸시하기도 했단다.

그 뒤 미국으로 이민 와서 그 일을 잊고 살았는데 하나님을 믿으면서도 죄책감을 느끼지 못하고 살다가 오늘 간증을 듣고 마음의 가책을 느꼈다며 내게 천 달러를 건네면서 어려운 한센 형제를 도와 달라고 부탁했다. 이렇게라도 나를 만나 털어놓고 회개하니 마음이 후련하다고 했다. 그 뒤 귀국하여 그녀와 몇 번 전화 통화했는데 간호사 생활도 신앙생활도 열심히 한다고 했다.

나는 가는 곳마다 하나님의 놀라운 역사를 체험했고 목격했다. 산호제일교회 간증집회에서는 소록도에서의 일을 떠올리며 이렇게 간증하기도 했다.

"소록도에서 치료받을 때 배가 너무 고파 바다에 나가 파래를 뜯어 먹으면서 미국에 구호물자가 언제 오나 기다린 적이 있습니다. 어느 날 사무실에서 구호물자가 왔다고 하여 가 보니 옥수수가루 두 되와 큰 청바지 하나를 주었습니다. 저는 그 청바지를 잘라 옷을 만들고 옥수수가루로 죽을 끓여 먹으면서 하나님께 감사드렸습니다. 그 옷과 청바지는 여러분이 보냈고 그 은혜로 이곳까지 오게 되었습니다. 그 청바지 주인을 찾아 감사 인사를 드려야 하지만 대표로 여러분께 감사 인사를 드립니다. 이 모든 것이 '하나님의 은혜'입니다."

미국 여행을 마치고 귀국할 때 청바지도 몇 개 사고 아내에게 줄 선물도 샀다. 미국 올 때 빌린 돈 300만 원을 갚고도 남았다. 하나님의 은혜에 다시 한 번 놀랐다.

한·중 서로사랑협회

내가 중국을 처음 방문하게 된 것은 1991년, 한·중 수교가 이루어지기 전이다. 당시 나는 동서농산 사료 판매 특판 부장으로 재직 중이었고, 중국 사료 공장 건립 계획으로 중국 정부와 협의 중에 공장부지 조사 겸 현지답사 차 중국을 방문했다. 그때 중국 농림부 초청으로 비자를 발급받았으며 인천에서 배를 타고 12시간 정도 걸려 중국 위해까지 갔는데 그때 처음으로 서해 바다를 건너 보았다.

위해 항구에 도착하기 전에 중국 군인들이 배에 올라와 한 사람씩 입국 심사를 했다. 모든 것들이 낯선 풍경이었다. 위해는 조그마한 항구 도시였고 거리마다 붉은 간판이 있는 게 이색적이었다. 한국어로 쓰인 간판도 많이 보였다. 우리 일행은 외국어대 중국어과 교수 한 분과 중국 진출을 희망하는 중소기업 사장과 직원 등 모두 6명이었으며, 호텔에 여장을 풀고 위해 시내를 구경했다.

북경대학을 나온 미모의 중국 여성들이 호텔 종업원으로 일하고 있었는데, 영어가 수준급이었다. 특이한 점은 호텔 곳곳에서 군복 차림의 공안들이 늘 감시하고 있는 것이었다. 위해 시장과 공산당 간부들이 호텔까지 찾아와 직접 안내하면서 그들이 관리하는 지역에 공장을 세워 주기를 희망했다. 조그마한 공장을 경영하는 중국의 사장들도 직접 호텔에 찾아와 자신들의 공장을 방문해 주기를 희망했고, 가는 곳마다 샘플로 주는 선물이 많아 애를 먹었다. 자사 제품을 한국에 수출하기 위해 사장이 직접 홍보하고 설명하는 것이었다.

아침 풍경이 이색적이었는데, 자동차가 별로 없는 출근길은 자전거 행렬이 장관이었다. 공원에서 사람들이 모여 아침 체조를 하듯 손과 발을 천천히 움직이면서 기 운동하는 모습도 새로웠다.

북경에서 천안문 광장과 자금성을 구경한 뒤 북한 사람들이 운영하는 식당에 들렀다. 한복을 입은 북한 여성들이 친절하게 안내하는 모습도 보았다.

북경에서 백화점을 구경할 때는 어느 아주머니가 파는 신기하고 조그마한 공예품을 보고 얼마냐고 물었다. 주머니같이 생긴 수공예품이었다. 그 아주머니는 "우콰이 우콰이"라고 외쳐댔다. 그 말을 알아들을 수 없어 "원 달러? 투 달러?" 하며 이야기를 했지만 그분 역시 내 말을 알아듣지 못했다. 그때 누군가 내 등을 두드리며 알려 주었다.

"아저씨, 그 말은 중국돈으로 5원이라는 말이에요."

깜짝 놀라 뒤돌아보니 열 살쯤으로 보이는 소녀였다. 너무 반가워 손을 잡고 어디서 왔느냐고 물었다. "저, 평양에서 왔어요" 하고 대답하는 소녀는 눈망울이 초롱초롱했으며 귀엽고 똑똑해 보였다. 멀리 중국에서 한국 동포를 만나니 조카 같기도 하고 이웃에 사는 아이 같기도 했다. 무슨 일로 북경에 왔느냐고 물었더니 소녀가 대답했다.

"우리 아빠가 무역부에서 일하고 있는데, 오늘은 어머니와 시장에 함께 왔어요."

소녀가 하도 귀여워서 중국돈 20원을 용돈으로 주었다. 소녀는 깜짝 놀라면서 웬 큰 돈을 주느냐고 물었다. 우리 일행은 반가움에 소녀의 손을 만지고 머리를 쓰다듬으며 20원씩 주었다. 모두 120원을 준 셈이다. 그 당시 중국돈 20원은 한화로 2,800원이었다.

조금 뒤 소녀의 어머니가 나타나 우리 일행을 보더니 "남조선에서 오셨어요?" 하고 인사했다. 그러고는 소녀의 손에 든 돈을 보더니 깜짝 놀라면서 감사하다는 표정으로 혼잣말처럼 이야기를 덧붙였다.

"북한은 현재 하루 두 끼 먹기 운동을 합니다. 남조선은 모두 잘산다고 하던데……."

나중에 그 소녀에게 준 용돈이 북한 무역부 직원 15일 월급에 해당된다는 말을 듣고 더욱 놀라지 않을 수 없었다. 한국에 산다는 것이 새삼 자랑스러웠고 북한 동포가 불쌍했다.

나는 처음으로 만리장성을 구경했는데, 관광 시설이 정비되어 있지 않아 불편한 점이 많았다. 오후 5시쯤 만리장성을 구경하고 내려오면서 기념품 가게에 들러 몇 가지 기념품을 사려고 했다. 그런데 종업원이 시간이 되었다며 손님을 바로 앞에 두고 문을 닫아 버리는 것이었다. 이해가 가지 않아 교수님께 여쭈어 보니, 사회주의 국가에서는 매상에 신경 쓰지 않고 근무 시간 외에는 더 일하지 않는다고 했다. 종업원들은 물건을 더 팔아도 본인에게는 상관없는 일이므로 사정없이 문을 닫는다는 것이다. 우리 상식으로는 이해가 가지 않았다.

중국에서의 8박 9일 동안 북경, 연태, 위해 등 많은 곳을 구경하면서 한국과 비교해 볼 때 한국이 20년 쯤 앞서간다는 생각이 들었다. 연태에서 위해까지 가는 버스를 탔는데 버스표를 파는 아가씨가 컴퓨터를 설치해 놓고 표를 팔고 있었지만, 정작 타고 가는 버스는 창문이 깨지고 의자가 낡아 밖에서 먼지가 들어와 우리 일행은 비포장도로를 가는 버스 안에서 4시간 동안을 시달렸다. 마치 최첨단 기술과 20-30년이 뒤떨어진 문화가 한 도시에서 공존하는 모습이었다.

나는 또다시 중국에 와 볼 수 있을까, 하는 마음으로 귀국했고 그 뒤에도 중국을 잊을 수가 없었다. 그래서 다음에 기회가 주어지면 꼭 다시 중국을 방문하리라고 마음먹었다.

1999년 3월, 부산 교회복음신문사에서 한·중 서로사랑협회 회장인 이종태 박사님을 만나게 되었다. 이 박사님은 중국 동포들에게 책 보내기 운동을 전개하고 있었다. 나는 내가 쓴 수기집 70권을 기증하며 중국에도 한센 형제가 있는지 물었다. 그리고 그들의 소재 파악이 된다면 방문하겠다는 의사를 밝혔다.

한·중 서로사랑협회 중국 측 회장인 한석윤 사장의 적극적인 조사와 협조를 받아 중국 연변에 한센병 수용소가 있다는 정보를 입수했다.

현재 한·중 서로사랑협회는 5개 분과로 구성되어 있다. 한·중 문화 교류와 길림성 소재 조선족 초등학교 천5백 개를 상대로 하는 장학분과, 중국 연변 한센 병원과 재가환자 및 중국 전역 10여 만 명의 한센 형제들을 위한 선교와 지원을 하는 한센 정착분과, 축산분과, 후원분과, 그리고 출판 도서분과이다. 앞으로도 계속 교류할 계획이며 특히 가장 소외된 한센 형제를 위해 동포애를 가지고 도와야겠다고 생각한다. 〈중국조선족소년보사〉 김성묵 기자의 도움을 받아 1999년 5월 3일 용정에 있는 한센인 수용소를 찾게 되었다. 이종태 박사님과 양산교회 장송 부장님과 함께였다.

한센인 수용소는 연변에서 백두산 쪽으로 1시간쯤 자동차로 가야 하는 산골에 위치해 있었다. 최림 원장의 안내로 병원을 둘러보았는데, 수용되어 있는 50명의 형제 가운데 조선족은 7명이었다. 최림 원장은 길림성에 조선족 재가환자가 400여 명이 있으며, 중국 전역에는 10만여 명의 한센 형제가 있는데, 주로 중국 남부 지방에 많이 분포되어 있다고 했다.

현재 수용되어 있는 환자들에게는 국제보건기구에서 약은 충분하게 공급해 주고 있었다. 다만 추운 지방이라 채소 공급이 어려워 환자들이 비타민이 부족하여 고민이라면서, 최림 원장은 비닐하우스를 한 동 지어 춘하추동 채소를 공급해 주는 것이 소망이라고 했다. 또 다른 필요한 것은 없느냐고 물었더니, 겨울이 오기 전에 환자들에게 운동복을 한 벌씩이라도 준비해 주었으면 좋겠다고 했다.

귀국한 뒤 나는 기도하는 마음으로 전국 정착촌과 회사 동료 등 관심 있는 사람들에게 연변의 실정을 이야기했다. 그리고 하나님의 역사하심으로 4개월 동안 480여 만 원을 모금했다. 같은 해 11월 3일에 연변 한센인 수용소에 가 운동복 80벌과 북한의 한센 형제 소재 파악을 위한 경비와 기타 위문품을 한·중 서로사랑협회 이름으로 이종태 회장님과 각 분과 위원 등 많은 인사들이 참석한 자리에서 전달했다. 수용소 사람들은 당시 나를 잘 몰라서 매우 경계했는데, 그 모습은 30-40년 전 한국 정착촌 상황과 비슷하였다.

그들과 돼지 한 마리를 잡아 점심을 함께 나누며 즐거운 시간을 보냈다. 위문품을 전달하면서 나도 한때는 여러분과 같은 병으로 고생한 사람이라고 말했더니 한센 형제들은 물론 관계 직원들까지 놀라는 표정으로 나를 바라보았다. 하나님의 역사하심을 새삼 느꼈으며 나 자신이 이 자리에 서 있다는 것이 기적으로 생각되었던 시간이었다.

내가 쓴 수기집을 몇 권 드리자 최림 원장은 이 책을 중국어로 번역해 같은 한센 형제들에게 보급하기를 희망했다. 나는 귀국하여 검토해 보기로 했다. 하나님의 역사하심으로 간접적으로나마 책을 통해 복음이 전파되기를 바라는 마음이다.

나는 귀국하여 후원해 주신 분들에게 감사드렸고, 중국에 사는 소외된 한센 형제들을 위해 생각날 때마다 기도했다. 지구상에 마지막 선교지이며 앞으로 북한과 가장 쉽고도 친근하게 접근할 수 있는 조선족 자치구인 연변을 위해 한·중 서로사랑협회에서 할 수 있는 일이 무엇일까? 무엇보다도 가장 소외되고 버려진 한센 형제의 생활을 돕고 그들에게 복음을 전하는 것이 하나님의 뜻이라고 생각되었다. 선교는 바로 그곳에서부터 시작되어야 할 것 같았다.

40-50년 전, 한국에 온 외국인 선교사들이 곳곳에 버려져 구걸하는 한센 형제를 한곳에 모아 집을 지어 주고 먹을 것과 약과 복음을 주었기에 오늘날의 정착촌이 이루어졌다. 우리나라 전국 90여 곳 정착촌 모두가 그런 과정을 겪으며 성장했다. 지금은 모두 자립하여 자녀도 키우고 신앙생활을 하면서 감사하는 마음으로 살고 있다. 그래서 한국의 정착촌은 세계에서 가장 잘 된 정착촌 정책이라는 평가를 듣는다.

우리가 거저 받았으니 이제 우리가 거저 베풀 기회가 왔다. 같은 민족이요, 동포요. 독립운동을 하다가 발병하여 속절없이 고생하는 분들을 위해 먼저 기도하고 조금이라도 도와주어야 한다.

백두산 천지

　전국 정착촌에는 90여 개 교회가 있는데 개신교 아니면 천주교회다. 외국인 선교사들이 만들어 준 교회가 대부분이다. 내가 다니는 부산의 상애교회 역시 호주의 매견시 목사님이 수십 년 전에 세운 교회다. 작년에는 90주년 기념 행사도 열었다. 얼마 전, 부산 일신병원에서 병원 내에 매견시 소공원을 만들었다. 기념비 제막식에 참석해 들었는데, 그분이 100년 전쯤 부산 한센 형제를 자기 집에 데려와 함께 생활하며 선교 활동을 했다고 하니 놀라운 일이다. 매견시 선교사님은 그 외에도 많은 업적을 남겼다. 우리 아이들 셋도 모두 매견시 목사님의 딸이 세운 일신병원에서 태어났다.

　조금 큰 교회라고 생각되는 정착촌 교회를 방문해 중국 선교의 필요성을 강조하고 현지답사 겸 백두산 관광을 주선했다. 그래서 2000년에 목사님 여섯 분을 모시고 중국 여행을 가게 되었다.

　한·중 서로사랑협회 이종태 목사님과도 동행하여 용정에 있는 한센인 수용소를 방문했는데, 오랫동안 중국 한센 병원을 위해 일해 오던 류보은 고문과 김대혁 명예원장도 함께였다. 50명 원생들에게 중국돈 50원씩을 나눠 주고, 목사님들이 모은 돈으로 관계 직원에게도 위로금을 전달했다. 남원 산성교회의 김정명 목사님은 즉석에서 간단한 설교를 하기도 했다. 이 세상에서는 환자의 몸으로 어렵게 살지만 하나님을 믿어 천국에서 영생 복락을 누리며 살라는 말씀과 내세의 소망에 대한 설교였다.

　나는 마음이 조마조마했다. 중국에서는 종교성을 띤 집회나 설교를 금하고 있어서 누가 신고라도 하면 곤혹을 치르기 때문이다. 다행히도 그런 일은 없었다. 하나님께서 함께하신 것이다. 김정명 목사님은 한센인 정착촌에서 25년 동안 목회를 한 분이고 특히 성경에 나오는 '문둥이'라는 단어를 한센병으로 고치기 위해 무던히 노력한 분이다. 아마 그 결실이 이루어지리라 믿는다.

수용소 병원의 최림 원장은 조선족이었고 직원들도 대부분 조선족이었다. 최림 원장은 얼마 전에 원생 전원을 데리고 북경 여행을 다녀왔다고 했다. 몸이 약해 혼자서는 쉽게 나서지 못하는 원생들에게 북경 관광을 시켜 준 것이다. 환자들을 위해 적극적이고 활동적인 최림 원장의 헌신적인 사랑과 용기에 감탄했다.

6월 4일, 우리 일행은 백두산 천지를 관광했다. 그날따라 하늘 문이 열린 듯 청명한 날씨였다. 정상에 올라 바라본 천지의 모습은 장관이었다. 신비롭고 아름다웠다. 하나님께 감사 기도를 드렸다. 한민족으로 태어나 꿈에만 그리던 백두산에 오르니 감개무량했다. 안내원은 백두산 천지가 오늘처럼 맑은 날은 일 년 중 며칠 안 된다고 설명했다.

장백폭포를 구경하고 노천 온천소에서 흘러내리는 뜨거운 물로 계란을 익혀 먹었다. 새로운 맛이었다. 일송정에서는 다 함께 노래 〈선구자〉를 힘껏 불렀으며 〈고향의 봄〉도 불렀다. 그 옛날 일제 치하에서 독립투사로 말없이 죽어간 선조들의 묘소가 일송정 주위에 있었고, 멀리 해란강이 눈에 띄었다.

연변에서는 류보은 고문의 안내로 동방예술학교를 방문했다. 김대혁 명예원장이 교장이었고 조선족 학생 200여 명이 공부하고 있었다. 동방예술학교는 성악, 기악, 피아노, 바이올린, 국악, 미술, 연극, 영화 등 예술에 관한 모든 것을 가르치고 있었다. 김대혁 교장은 학생들을 불러 평소에 닦은 실력을 보여 주었는데, 학생들은 우리 앞에서 노래와 춤 등을 아무 부끄럼 없이 당당하게 선보였다.

류보은 고문은 비디오테이프를 보여 주었다. 한 달 전에 순천 매산여고 선교합창단 50명을 중국에 초청했는데, 그들이 연변 텔레비전 방송에 출연해 공연하고 용정 한센병 수용소에서 위문 공연을 하는 장면이었다. 고등학교 여학생들이 환자들과 어울려 끌어안고 함께 울며 위로하는 모습, 천사같이 아름다운 목소리로 부르는 찬양 등 이역만리 이곳에까지 와서 하나님의 사랑을 전하는 모습은 믿음과 사랑이 없으면 불가능한 일이리라. 나는 많은 은혜를 받았다. 그리고 귀국하면 그들을 부산에 초청하여 그 아름다운 찬양을 우리 교회 성도들에게도 들려주어야겠다고 다짐했다.

나는 동방예술학교 학생들의 개인 기량을 보면서 언젠가는 이 학생들이 한국에 와서 매산여고 선교합창단처럼 찬양을 부르는 합창단이 되기를 마음속으로 기도했다. 아마 그날이 멀지 않을 듯하다.

귀국한 뒤에 나는 바로 매산여고를 방문했다. 오은천 교장 선생님과 김서익 지휘자도 만났다. 때마침 류보은 고문도 잠시 귀국 중이어서 함께 의논했다. 상애교회 이상붕 목사님의 적극적인 후원으로 부산 공연을 주선했다. 그리고 수요일을 택해 오후 4시 상애교회 공연, 7시 동래중앙교회 공연, 다음 날 오전 10시 이사벨 여고 공연으로 일정을 잡았다.

매산여고 선교합창단은 MBC에도 출연한 적 있는 제법 이름 있는 선교합창단이다. 1박 2일의 일정을 잡고 상애교회에서 숙박을 제공했는데, 150명이 동원되고 특히 권사님들이 큰 손님 맞을 준비에 힘을 기울였다. 학생들의 찬양은 우리 교인들에게도 많은 감명을 주었다. 나 자신도 커다란 은혜를 받았다. 하나님께서 이렇게 역사하실 줄은 꿈에도 몰랐다. 매산여고 합창단을 중국에 초청하고 중국에 갈 때마다 많은 도움을 주신 류보은 고문의 도움 없이는 불가능한 일이었다.

이번에 매산여고 합창단의 부산 초청 공연을 준비하면서 순천을 방문하기 위해 순천역을 지나는데 문득 40년 전의 일이 떠올랐다. 대전에서 소록도로 가기 위해 열차를 타고 새벽에 순천역에 내렸을 때 배가 고파 아침을 사 먹으려 했지만 아무도 내게 아침을 팔지 않았던 기억이 아직도 사라지지 않고 분명히 머릿속에 자리잡고 있다.

중국 길림성 한센 재가환자를 찾아서

2000년 9월 4일, 한·중 서로사랑협회 회장 이종태 목사님이 시무하는 선민교회에서 평신도 선교사 파송예배를 드렸다. 총회본부의 요청으로 승인받아 파송장 수여식과 파송패를 받았다. 많은 교인들이 나를 축하해 주었으며 청년 회원들이 축하 찬송도 불러 주었다. 나는 부족한 사람을 택해 이 자리에 서기까지 함께하신 하나님께 감사드렸다.

더욱 감사한 것은 당시 내가 근무했던 도드람사료 경남 물류센타 백우흠 사장의 배려였다. 매월 보름 동안은 중국 선교를 할 수 있도록 시간을 배려해 주었고, 나머지 보름 동안 사료 판매 영업을 하도록 해 주었다. 다행히 경남 지역 정착촌 주민들의 협조로 판매 실적이 증가하여 회사에도 도움이 되었다.

10월 2일, 7차 선교 여행길에 올랐다. 22일 김포공항에서 탑승 수속을 마치고 국제선 면세점에서 몇 가지 선물도 샀다. 오전 10시에 장춘행 비행기를 타려고 두 시간을 기다려도 비행기가 오지 않았다. 얼마 뒤 공항에서는 장춘공항에 폭설이 내려 비행기가 이륙하지 못하니 다음 날 아침 9시에 출발한다고 했다.

다음 날 도착한 장춘공항은 몹시 추웠다. 영하 26도 날씨에 눈이 많이 내려 온 천지가 눈부시도록 하얀 세상이었다. 연길에 도착한 것은 오후 6시, 최림 원장님과 이금적 의사가 마중 나와 추운 날씨에 세 시간이나 우리를 기다렸다. 나는 업무를 잘 도와 달라는 의미로 한국산 낚시대를 선물했는데 그분들이 무척 고마워했다.

호텔에 여장을 풀고 이튿날 아침 7시에 다시 만났다. 최림 원장과 이금덕 의사, 사진사 한 사람이 함께 길림성 내 재가환자 소재 파악에 들어갔다. 눈이 많이 와서 불편했으나 최림 원장이 직접 운전하는 6인승 승합차를 타고 다녔다.

제일 먼저 찾아간 곳은 연길에서 160킬로미터 떨어진 왕청현이라는 곳이었다. 마을에서 약 2킬로미터 떨어진 외딴 움막으로 눈이 무릎까지 쌓여 있어 걷기에 매우 힘들었다.

중국인 한센 형제가 살고 있었는데, 눈을 실명한 상태였으며 초등학교에 다니는 딸은 전깃불도 없어 공부하기가 불편했다. 방과 부엌이 붙어 있었고 사람이 산다고 말하기 어려울 정도로 열악했다. 너무나 외롭고 쓸쓸한 모습이었다. 그들은 동네에서 격리된 채 가족 친지들의 도움으로 겨우 살아가고 있었다. 치료하러 온 의사는 몇 가지만 물어보고 약도 주지 않았으며 손에 상처가 있어도 치료해 주지 않았다. 나는 갖고 간 후원금이었던 중국돈 100원을 손에 쥐어 주면서 하나님께 기도하라고 했다. 그는 하나님을 전혀 몰랐다. 다음에 기회가 주어지면 다시 찾아오겠다고 약속하자 그가 눈물을 흘렸다.

두 번째 찾아간 곳은 그곳에서 약 20여 킬로미터 떨어진 곳으로 조선 족만 모여 사는 마을이었다. 50세쯤으로 보이는 여자였는데, 얼굴과 손발은 손상되었으나 그런 대로 건강한 편이었다. 그날 몇몇 집을 더 방문했지만 집에 없거나 이미 사망한 사람도 있었다.

시골에서는 우리 일행이 묵을 여관을 찾기가 매우 힘들었다. 겨우 찾은 곳이 산림원에서 운영하는 호텔이었는데, 방 안에는 전화도 없고 텔레비전 한 대가 전부였으며, 화장실과 세면장은 30여 미터 떨어진 곳에 있었다. 뜨거운 물도 나오지 않는 그곳에서 한 방에 네 명이 투숙했다.

이튿날 아침에도 눈이 많이 내렸다. 최림 원장은 신기할 정도로 눈길 운전을 잘했다. 이번에 찾아간 곳은 왕청현에서 약 70킬로미터 떨어진 곳에 사는 최성순이라는 환자였다. 57세로 눈이 전혀 보이지 않았고 상처가 심해 손발이 모두 망가져 있었다. 이혼한 남편은 따로 살고 있었고 두 자녀 가운데 큰딸이 산림원에 나가 노동해서 버는 돈으로 생계를 유지했다. 원래 고향이 전남 나주인데 어릴 때 부모님과 함께 중국에 왔다고 했다. 상처도 치료하고 약도 받아야 할 환자였으나 행정력이 미치지 못해선지 약이 없어서인지 치료를 받지 못하고 있는 안타까운 상황이었다.

답답한 심정으로 100원을 손에 쥐어 주면서 하나님께 기도하라고 했다. 그러자 그분이 어렸을 때 예수를 믿었다면서 하나님께 기도하겠다고 했다. 나는 깜짝 놀랐다. 같은 동포로서 이러한 모습을 보고 있자니 가슴이 미어졌다. 그분의 손을 잡고 하나님께 도울 수 있는 길을 열어 달라고 한동안 간절히 기도했다. 그분은 그곳에 산 지 수년이 흘렀지만 이곳까지 찾아와 준 사람은 아무도 없었다고 말했다.

이러한 분들이 길림성에 몇 명이나 있을까 싶어 며칠 동안 여러 곳을 다녔지만, 눈이 계속 내려서 더 이상 다니지는 못했다. 호텔로 돌아와 얼마 전에 한국의 한 목사님이 가져온 알루미늄 다리 보조기구 20개를 최림 원장 차에 싣고 용정 한센 병원으로 갔다. 60만 원을 들여 제작한 것으로, 병원 환자들이 꼭 필요하다고 하여 그 목사님이 몇몇 곳에 이야기했더니 그 말을 듣고 어떤 후원자가 기증한 것이다.

새로운 현대식 기구를 가져가자 나무로 만든 것을 사용하던 한센 형제들이 무척 고마워했다. 나는 경남 합천이 고향이라는 할아버지에게 먼저 기구를 드렸고, 대구가 고향이라는 할머니에게도 드린 뒤 함께 사진도 찍었다. 처음에 최림 원장이 8벌을 부탁하고 2벌을 더 가져갔는데도 많이 모자랐다. 그래서 다음에 더 준비해 주기로 약속했다.

눈이 너무 많이 내리는 바람에 호텔에서 이틀 동안 갇혀 있었다. 텔레비전을 보니 수만 명의 사람들이 나와 삽과 눈치우개를 들고 빽빽하게 들어서 있는 모습이 무척 시끄러웠다. 알고 보니 공산국가에서는 자기 집 앞의 눈을 치우지 않으면 큰 불이익이 생기기 때문에 건물 주인부터 종업원까지 모두 나와 눈을 치운다는 것이었다. 그것은 볼 만한 풍경이었다.

새벽에 이불 속에서 마음속으로 기도를 했다.

'하나님, 저에게 용기를 주시고 낙심하지 않게 하소서. 낯선 땅에서 슬기롭게 헤쳐 나갈 힘을 주십시오.'

선교 여행을 마치고 귀국할 때 최림 원장이 공항까지 배웅하면서 내게 428명의 한센병 환자 명단을 주었다. 그것은 값진 선물이었다. 최림 원장은 언제든 다시 오면 동행해 줄 것을 약속했다. 하나님께서 역사하신 것이었으며 이번 선교 여행의 큰 수확이었다.

선교 여행을 마치고 귀국할 때 집에 전화했더니 아내가 김포공항까지 마중 나왔다. 아내의 기도와 도움 없이는 내가 이러한 일을 할 수 없으리라. 외국에서 선교한다는 것은 참으로 쉬운 일이 아니라는 사실을 매번 깨닫는다. 몸도 건강해야 하고 경제적으로도 뒷받침이 되어야 하고 무엇보다도 본인의 의지가 가장 중요하다.

고향 사람들

고향을 떠난 지 40년 가까이 지났다. 그동안 고향을 여러 번 방문한 기억이 있는데 동서농산 부장 재직시 출장 용무로 대전에 갔을 때 고향에 잠시 들렀던 적이 있다. 그때 승용차로 마을 앞 골목길을 지나가다가 나무 지게를 지고 산에서 내려오는 사람을 만난 적이 있다. 그에게 나는 4학년 동기생이었던 K라는 친구의 소재를 물었더니, 그 사람이 지게를 내려놓고 한동안 나를 쳐다보았다. 그러더니 바로 자기라고 말했다.

깜짝 놀랐다. 어릴 때의 모습은 한 군데도 찾아볼 수 없는 전혀 다른 모습이었다. 학교 다닐 때 바로 이웃에 살면서 친하게 지냈던 그 친구와는 지겹도록 싸우면서 서로 코피가 터지도록 뒹굴곤 했다. 옆에서 싸움을 붙이는 친구들이 더 신이 나서 우리를 말리지 않고 부추기곤 했다. 내가 병들었을 때 움막에 찾아와 유난히 돌을 던지곤 해서 시원하게 한 대 때려주고 싶었는데, 만나 보니 그 시절 감정은 간데온데없이 사라지고 마냥 반갑기만 했다. 우리는 저녁에 형님 집에서 만나 지난날 이야기에 여념이 없었다. 그 친구는 딸 여덟에 마지막으로 아들을 얻었다고 했다. 딸 여덟

이 모두 모이면 이름이 헷갈려 분간하기조차 어렵다고 했다.

3년 뒤, 다시 고향에 갔을 때 친구는 죽고 없었다. 막내 아들이 길가에서 놀다가 차에 치어 머리를 다쳐 대전병원에 입원시킨 뒤, 술을 마시고 집으로 돌아오는 길에 뒤에서 오는 버스에 치어 죽은 것이었다. 불행하게도 아들이 다친 바로 그 자리에서 변을 당했다.

그 친구의 무덤이 나의 할머니 묘소 옆에 있었다. 할머니 묘소에 성묘하고 내려오는 길에 친구 묘소에 들러 지난 일을 기억하면서 추모했다. 조금 지나자 그의 부인이 밭에서 일하다가 내 옆에 와서 훌쩍훌쩍 울고 있었다. 눈빛이 흐렸으며 정상인 같지 않아 보였다. 복잡한 현실에 지친 모습이었다. 친구의 셋째 딸인 현이가 둘째 형님 집에 보낸 우리 영이와 동기생으로 둘이 친했다. 얼마 뒤, 둘을 부산으로 오라고 하여 며칠 함께 지낸 적이 있다. 그 아이를 볼 때마다 친구의 얼굴과 지난 일들이 생각났다.

1998년 가을에는 뒤늦게 연락이 닿았던 어머니가 위독하다는 소식을 듣고 경기도 벽제에 갔다. 어머니는 새로 출가하여 그곳에서도 아들 둘을 낳아 손자까지 보았는데 82세의 나이로 금촌의료원에 입원하고 있었다. 수년 전 어머니를 부산에 모셔 와서 지난 일을 마음으로 모두 용서하고 교회 다니기를 권유하여 함께 교회에 모시고 간 적이 있다. 계속 신앙생활하기를 권유했지만 어머니는 벽제에 다시 올라가신 뒤 교회에 다니지 않았다. 나는 어머니가 임종 직전이라도 구원받기를 기도하면서 아내와 함께 정성껏 모셨다. 함께 기도하고 금촌교회 목사님을 모시고 병상 세례를 받게 했다. 다행히 어머니는 세례를 받고 며칠 뒤에 돌아가셨다.

그러나 돌아가신 다음에도 복잡한 문제가 많았다. 벽제 자녀들은 나름대로 유교식 장례를 원했고 그곳에 모시기를 원했지만 우리 입장은 달랐다. 결국 우리쪽 뜻을 따라 기독교식으로 장례를 치렀고 셋째 형님 말대로 고향에 안치해 아버지 묘소에 합장했다. 죽어서라도 아버지 곁에 오기를 바라는 마음에서였다.

장례식은 내가 다니는 상애교회의 이상붕 목사님의 집례로 은혜롭게 치렀다. 그 뒤 나는 벽제에 사는 두 동생을 전도했다. 가까운 교회에 소개해 주며 함께 예배드리기도 했다.

1999년 11월, 무당이었던 큰고모가 세상을 떠나셨다. 내가 병들었을 때 유난히 절에 가서 불공을 드리고 온갖 무당을 동원하여 수십 번씩이나 굿을 하는 등 지극 정성을 다하셨던 분이다. 큰고모가 살아 계실 때 여러 번 부산으로 모셔와 구경도 시켜 드리고 전도를 했다. 큰고모는 내가 하나님을 믿고 병이 깨끗이 나은 사실을 무척 신기하게 생각했고 늘 호기심을 가졌다. 여러 차례 교회에 모시고 갔더니 얼마 뒤 예수님을 영접하고 집사가 되었다.

새벽 기도회에도 빠지지 않고 열심히 신앙생활을 하셨던 큰고모는 금산읍에서도 '예수 할머니'로 통했다. 6·25전쟁 때 큰고모부가 인민군의 총에 맞아 돌아가신 뒤 아들 하나가 남았는데 지금까지도 그 아들 하나를 믿고 살아오셨다. 큰고모가 아들과 며느리와 손자 손녀 모두를 전도하여 기독교 가정이 되었으며, 큰고모의 장례식에는 여러 교회 목사님과 성도들이 참석했다.

고향은 많이 변했다. 큰 도로 옆에 있는 마을이라 교통사고로 돌아가신 분들이 유난히 많았고 술을 많이 마셔 건강이 좋지 않은 분도 많았다. 내 친구들은 모두 객지로 나간 뒤라 고향에는 아는 사람이 별로 없었다. 가끔 명절 때 셋째 형님 집에 가면 제사 문제로 형제들 사이에 어려움이 있었다. 물론 셋째 형님이 다 모시지만 4형제 가운데 3형제가 그리스도인이기에 제사에 별로 신경을 쓰지 않았다. 그래서 형님 혼자서 아홉 분을 정성껏 모셨는데, 나는 셋째 형님을 설득하여 달마다 하는 제사를 추도식으로 바꾸고 추도예배를 드리자고 했다. 덕분에 10년째 1년에 한 번씩 10월 2일 저녁에 추도예배를 드리고 있는데, 처음에는 마을의 어르신들이 매우 노하셔서 불평이 대단했다.

셋째 형님이 그리스도인이 된 뒤, 10월 2일만은 네 가족이 모두 모여 추도예배를 드리고 조상 묘소도 함께 돌아본다. 그러자 마을 사람들도 차츰 이해해 주었다. 객지에 살면서 조상들의 묘소를 관리하지 못하는 집이 많았기 때문이다.

목수인 셋째 형님은 시골에서 건축업을 했다. 한번은 금산읍의 조그마한 교회 목사님을 모시고 추도예배를 드렸는데, 알고 보니 형님이 직접 지은 교회의 목사님이셨다. 교회 사택은 형님이 집에 있는 건축 자재를 사용해 무료로 지어 주었다고 했다. 하나님께서 형님을 감동시켜 교회를 짓게 하신 것이다. 형님은 동생의 병을 깨끗이 낫게 해 주신 하나님께 감사하는 보답으로 지어 주었다고 말했다.

형님 가정을 전도하면서 우리 4형제 모두가 구원받는 축복을 받았다. 추도식 다음 날이 마침 주일이어서 네 가족 모두가 형님이 지은 교회에 나간 적이 있다. 그날 온 가족이 앞에 나가 특별 찬송을 드렸다.

고향을 떠나 살면서 내겐 늘 보고 싶은 친구가 하나 있었다. 4학년 다닐 때 반에서 공부를 제일 잘하던 춘서다. 어릴 때 기억으로 춘서는 대암리 부락 부잣집 아들이었다. 한번은 금성산에 소풍을 갔는데, 그 친구는 흰쌀밥에 계란 반찬을 싸 왔고 나는 고구마를 싸 간 기억이 난다. 많은 세월이 지난 지금 춘서는 어디서 무엇을 하고 있을지 궁금했는데 대구에 사는 성모라는 마을 친구를 통해 춘서의 소재를 우연히 알게 되었다.

나는 춘서가 마산에 살고 있고, 경남대학교 교수로 있다는 이야기를 듣고 바로 전화를 했다. 그리고 가슴 설레며 43년 만에 처음으로 그를 만났다. 춘서는 어릴 때 모습은 전혀 보이지 않았고 흰 머리가 많은 중년으로 변해 있었다. 그 역시 나를 단번에 알아보지 못했고, 내가 죽은 줄로만 알고 있었다고 말했다. 시골 학교에서 동기생 중에 유일하게 공부를 잘했고, 독일 유학까지 다녀와 박사학위를 두 개나 가진 교수 친구를 보자 자랑스러웠고 대견스럽기까지 했다.

어린 시절을 돌이켜 보면 나는 공부로 2,3등 했던 기억은 있지만 그 친구를 따라잡지는 못했다. 그와 나의 어릴 적 삶을 비교하면 극과 극의 삶이었다. 나는 어려운 가정형편과 병마에 시달려 온갖 고생을 겪어 이 자리에 왔고, 친구는 어린 시절부터 축복받은 경우라고 볼 수 있다. 그리고 이렇게 뒤늦게 한 사람은 훌륭한 교수로, 나는 평범한 선교사로 만난 것이다. 우리는 이제부터 자주 만나기로 했다.

수년이 지난 지금, 친구들을 건강한 몸으로 다시 만날 수 있다는 게 하나님의 은총이며 섭리라고 믿는다. 2001년 5월 10일, 조치원에 사는 김동주라는 사람에게 전화가 왔다. 하신초등학교 5회 동창회에 와 달라는 전화였다. 초등학교를 졸업도 못 했는데 동창회에 참석하는 것이 마음에 내키지 않았다. 그런데 어떻게 전화번호를 알았는지 서울과 대전 등 여러 곳에서 계속 전화가 왔다.

한번 가 보자 싶어 부산에 사는 동기생과 함께 동창회에 참석했다. 여학생 8명, 남학생 12명이 모였다. 모두가 어릴 때의 모습이 없어 낯설었다. 한마을에 살았던 몇몇 친구들만 어렴풋이 기억났다. 동창생들은 두 번 박수를 쳤다. 한번은 동기생 중에 대학교수가 된 박 교수를 위해, 한번은 역경을 이기고 이 자리에 참석한 나를 위해 박수를 쳐 주었다.

우리들은 여관방을 하나 잡고 모여 앉아 밤을 꼬박 새며 그동안 쌓인 이야기를 나눴다. 그 시간까지 43년이란 긴 세월이 흘렀다. 초등학교 동기생 50여 명 가운데 7명이 죽었다고 했으며, 손자를 다섯이나 본 친구도 있었다. 일 년에 두 차례씩 동창회를 열기로 하고 서울, 부산, 대전을 기점으로 돌아가면서 모이기로 했다. 이제 우리들은 남은 생 동안 지난 일들을 떠올리며 어린 시절을 추억할 것이다.

나는 어느 때든 동창 모임에서 농담 삼아 병들어 움막에 혼자 있을 때 누가 나에게 돌을 많이 던졌느냐고 꼭 한 번 묻고 싶다. 사람은 한 치 앞을 내다볼 수 없다. 모두가 죽었다고만 생각했던 내가 다시 건강한 모습으로 나타나리라고 그 누가 상상이나 했을까. 모든 것이 하나님의 섭리와 은총이리라.

박 교수와 나는 초등학교 시절 4학년 담임이었던 이홍신 선생님을 수소문하여 찾아뵈었다. 병든 나를 놀린다고 반 학생 전체를 운동장에 모아 기합을 주고 엉덩이를 몇 대씩 때려 준 선생님이라 늘 마음속에 고맙게 생각하고 있던 분이다. 그런데 우연찮게 박 교수도 가장 존경하는 은사님이라고 해서 함께 찾아뵌 것이다.

이홍신 선생님은 대전 회덕초등학교 교장 선생님으로 계셨는데, 처음에는 우리를 잘 알아보지 못하셨다. 정확히 43년 8개월 만의 만남이니 그럴 만도 했다. 선생님 얼굴에 있는 주름살이 많은 세월이 흘러갔음을 실감하게 했다. 그때 선생님은 2002년 2월에 정년퇴임을 한다고 하셨다.

선생님은 열심히 공부하여 학자가 된 박 교수와 어릴 때 병들어 어려운 가정환경 속에서도 절망을 이기고 다시 일어선 내 손을 잡고 한동안 생각에 잠기시더니 지난 일들이 어렴풋이 기억난다고 하셨다.

기도의 후원인들

중국 선교를 시작하면서 처음에는 실망도 했고 도중에 그만둘 생각도 많았다. 선교는 혼자 힘으로 계속하기가 어렵고 특히 공산국가라서 선교사의 신분으로 상주할 수 없는 어려움이 있었다. 그곳에 상주하려면 사업을 하여 명분을 만들어야 했다. 나는 한·중 서로사랑협회를 통해 정착분과 위원장 명분으로 활동했는데, 활동 경비가 만만치 않게 들었다.

그래서 처음으로 정착촌 몇 곳을 선정하여 협조 공문을 보냈더니 안동 성좌교회, 칠곡 신촌교회, 함안 향촌교회 등이 기도와 후원을 보내 주었다. 나의 본교회인 상애교회에서도 여러 집사님들과 성도님들의 후원이 있었다. 이렇듯 모든 것은 처음이 중요하다. 선교를 시작할까 말까 망설일 때 이분들이 많은 힘이 되었다.

1999년 중국 한센 병원 위문 방문 시 겨울 운동복 80벌을 가져다줄 때는 삼천포 함안에 사는 정효중 장로님, 상애교회 통합 측 연합회와 신동방 김태호 부장과 김병권 부장, 제일제당 고만성 부장과 손병두 지사장이 많은 도움을 주었다.

C농장에는 세 교회가 있는데 오륙도천주교회의 홍디모데모(홍용자) 수녀님과 이마리아 수녀(이인숙)님이 협조해 주었다. 해맑은 인상의 홍 수녀

님은 만날 때마다 나에게 많은 용기를 주었다. 상애교회와 더불어 용호제 일교회에서도 후원했는데 50년 역사에서 세 교회가 하나 되어 후원하기는 처음이었다.

나에게는 언제 어디서든 늘 기도의 힘이 되고 있는 분이 있다. 바로 30년 전 처음 C농장에 왔을 때부터 나를 위해 기도해 주신 나의 또 다른 부모님 이성곤 원로 장로님 내외분이다.

이 장로님은 40여 년 동안 특별한 경우 외에는 새벽 기도회에 빠짐없이 제단을 쌓으셨고 89세의 나이에도 오후 4시가 되면 어김없이 교회 기도실에서 기도하는 분이다. 우리 가정을 위해서도 쉬지 않고 기도해 주신다. 내가 지금까지 살면서 하나님의 특별한 은총을 받는 것도 모두 장로님의 기도의 후광 때문이라고 믿는다.

우리 가족은 명절을 장로님 가정과 함께 지낸다. 그래서 30년 동안 명절을 집에서 보낸 적이 없다. 지금도 장로님은 나의 중국 선교를 위해 기도해 주신다. 가끔 심신이 지치고 어려운 문제가 생기면 내 발걸음은 곧장 장로님 댁으로 향한다. 장로님의 기도로 새 힘을 얻을 때가 많다.

요즈음 장로님이 쇠약해져서 눈이 안 보이고 신경통이 심해 음식도 잘 드시지 못한다. 병원에 모시고 가 진찰과 치료를 받았지만 호전되지 않았다. 40일 특별 새벽 기도회에도 아픈 몸을 이끌고 나오시는 장로님의 모습은 800여 성도들에게 깊은 감명을 주고 있다. 나 역시 장로님을 뵐 때마다 숙연해지면서 하나님의 놀라운 역사를 보게 된다. 장로님이 어서 건강을 되찾아 중국 선교가 뿌리내릴 때까지라도 장로님의 기도가 이어지기를 바랄 뿐이다. 아마 800여 성도들의 심정도 마찬가지일 것이다.

경남 합천에 가면 전국 정착촌에서 가장 작은 교회가 있다. 바로 영전

교회다. 열두 가정으로 구성되어 있으며 작년 봄에 김광동 목사님이 새로 부임했다. 전에 계시던 김윤근 목사님이 서울에 개척 교회를 한다고 사임하고 공석 중이라, 소록도에서 17년 동안 시무하셨던 김광동 목사님이 부임한 것이다.

김 목사님은 한센 형제로서 청주에서 열린교회를 개척하여 시무한 적이 있다. 김 목사님은 소록도에서 시무할 때 내게 처음으로 신앙의 뿌리를 심어 준 존경하는 분이다.

김 목사님이 영전교회로 오셨기에 방문해 보니 교회는 지붕이 부서져 비가 샜고 매우 열악했다. 얼른 상애교회 남선교회 회장에게 이야기하여 5개 교회 연합 남전도회에서 위문 방문하여 도움을 드렸다. 우리의 도움으로 그 뒤 교회 지붕을 수리했다. 처음에 5개 교회에서는 교파가 다르다며 반대하는 의견도 있었으나 하나님께서 인도하셔서 도움을 줄 수 있었다.

2000년 10월, 김 목사님께 전화가 왔다. 회갑 예배를 드린다고 했다. 전국 각지에 사는 사람들이 축하 예배에 참석했다. 소록도에서 치료받고 건강한 몸이 된 어떤 친구는 장로님이 되었고, 어느 친구는 목사님이 되어 찾아왔다. 몇십 년이 흘러 잘 알아보지 못하는 분도 있고 사업하여 성공한 분도 있고 각양각색이었다. 분명한 것은 신앙생활을 열심히 하고 성실하게 사는 사람은 건강도 유지하고 윤택한 생활을 누리고 있다는 것이다.

이 밖에도 여기에 미처 소개하지 못한 수많은 기도의 후원인들이 있다. 그들을 일일이 소개하지 못함이 안타깝다.

한센국제선교회

나는 중국 선교를 위해 선교회 홈페이지(www.him.or.kr)를 만들었다. 그러나 선교에 크게 도움은 되지 못했다. 평신도 선교사라고 각 교회에서도 관심을 주지 않고, 정착촌 몇몇 교회에서만 조금씩 후원해 주는 것이 전부였다.

2002년 초에 우연히 한가족여행사에서 고신대학교 교수인 김한중 선교사를 만나게 되었다. 그는 중국 선교사로 파송받아 중국 문남성 려강에서 소수민족 선교사로 활동하다가 때마침 안식년이 되어 귀국하는 길이었다. 나는 그에게 고신대학교 선교대학원부설 선교원에서 전문인 선교 훈련생을 모집한다는 정보를 듣고 지원하여 입학하게 되었다.

나처럼 선교에 꿈을 둔 사람들 27명이 선교훈련원에 입학했다. 현직 장로로 있는 분들이 마지막 삶을 하나님께 바칠 각오로 열심이었으며, 전문인 선교인답게 의사, 컴퓨터 기사, 축산 분야 전문인 등 학생들 구성이 다양했다. 나 또한 한센병 전문인으로 한센병 형제들의 선교를 목적으로 열심히 공부했다.

고신대학교에서는 현재 '전문인 선교사 시대'라 하여 많은 지원을 했다. 교파를 초월해 하나님 나라의 확장을 위해 총장님과 선교대학원 원장님까지 큰 관심을 가졌다. 세계 각국에서 수고하는 성공한 선교사를 초빙해 자주 특강을 열고 현실감 있는 교육을 했다.

내게는 많은 도움이 되었다. 하나님께서 나에게 부족한 부분을 채워 주기 위해 만든 것처럼 느껴지기까지 했다. 공부하면서 단기 선교여행으로 캄보디아와 중국에도 가고, 현장 실습 기간도 있었다. 내게는 더없이 좋은 기회였다.

2004년 1월 19일, 열심히 공부한 끝에 정현기 고신대학교 총장으로부터 수료증을 받게 되었다. 그날은 정말 기쁜 날이었다. 나를 축하하기 위해 40여 년 전에 돌을 던졌던 친구들이 찾아와 자리를 빛내 주었다. 수료증을 받은 뒤에는 주위 사람들이 나를 선교사라고 불러 주었다. 모든 것이 하나님의 은혜요, 섭리라고 생각한다.

그 뒤 교회복음신문사 김성원 사장은 신문사 사무실 한 칸을 내게 내주면서 나를 교회복음신문사 이름으로 선교사로서 파송해 주었다. 신문사는 중국 선교활동을 신문에 실어 홍보도 해 주었다. 한국에 있을 때는 가끔 월요일 아침 신문사 직원들과 예배를 드리며 설교를 한 적도 있었다. 신문사 직원들은 모두 친절했고 열심이었다. 하나님 나라 확장을 목표로 삼고 문서 선교사로서 각자의 달란트로 신문을 만드는 사람들이었다.

2003년 2월, 구정 나흘 전에 중국을 방문했다. 양산 벧엘병원 도영희 원장님이 내놓은 겨울 내복 30벌과 그동안 모아 온 선교 헌금을 갖고 갔다. 그해는 유독 추웠다. 평소 날씨가 영하 25도 정도로 매서운 추위였다. 호텔은 종업원들이 모두 고향으로 떠난 뒤라 텅 비어 있었으며 식당마다 영업을 하지 않았다. 그때도 한센 병원 최림 원장과 재가환자 위문방문을 했는데, 우리는 이틀 동안 라면으로 식사를 대신했다. 게다가 호텔에 난방장치가 안 되어 있어 매우 추웠다.

재가환자 가정을 방문할 때마다 그들은 눈물을 흘리면서 우리를 반갑게 맞이했다. 가족이나 친척도 찾아오지 않는데 멀리 한국에서 선물까지 사 오고, 생활에 도움을 주니 커다란 위안이 되는 듯 보였다.

명절이라 식구들 생각이 나서 집에 연락을 했더니 서울에 사는 자녀들이 설을 지내기 위해 부산에 모두 내려왔다고 했다. 호텔방에서 가족들 생각을 하고 있자니, 평생 처음으로 외지에서 구정을 지내게 되어 무척 쓸쓸한 기분이 들었다.

구정 전날 아침, 공항에서 받은 명함을 떠올렸다. 연길공항에서 토산품 가게를 운영하는 오동원 사장 명함에 민박을 한다는 안내가 있어 혹시나 하고 전화를 했다. 오 사장은 바로 승용차를 끌고 호텔로 와서는 자기집으로 가자고 했다. 따라갔더니 60세쯤으로 보이는 부모님과 공항에서 여러 번 보았던 그의 아내가 있었다. 6층 아파트에 살고 있었는데, 조선족으로서는 꽤 부유한 가정이었다. 민박은 그의 부모님이 한국 관광객을 상대로 부업으로 하는 것이었다.

그날 저녁상을 받고 나는 깜짝 놀랐다. 진수성찬이었다. 멧돼지 고기를 비롯하여 여러 고기와 온갖 생선 등 잔칫상이 차려 있었다. 먹고 싶었던 김치도 있었다. 중국은 구정을 '춘절'이라 하여 15일 정도 먹을 수 있도록 많은 음식을 준비해 두고 푸짐하게 먹고 마시는 풍습이 있다. 특히 춘절에 외부 손님이 오면 집안에 복이 온다 하여 성대한 대접을 받는다.

민박은 하루 세 끼 먹고 방 한 칸을 빌려 하룻밤 자는데 중국 돈 100위안이라고 했다. 한화로 만 4천 원인 셈이다. 민박은 호텔비와 식사비 등으로 하루 400위안이 드는 것과 비교하면 공짜 같았다. 깨끗한 이불과 목욕실도 호텔보다 더 좋았다. 그날 나는 선교 활동 중 가장 적은 돈으로 풍성하게 먹고 편안하게 생활할 수 있었다.

그 뒤로 나는 호텔 대신 오 사장 댁에서 자주 민박을 했다. 그분들은 나를 친척처럼 대해 주었다. 더욱이 며칠 전에 연변휴일호텔에서 길림성 보건부 장관 주최로 연변 지역 병원장과 사회사업을 하는 인사들을 150여

명 초청해 만찬회를 가진 적이 있었다. 그 자리에서 내가 감사패를 받는 장면이 연변 텔레비전 방송에 잠깐 나왔는데 그것을 본 오 사장의 어머니는 나를 한국에서 온 대단한 인사로 알고 매우 잘 대해 주었다.

중국 춘절은 대단했다. 밤새도록 폭죽을 터뜨리며 온통 축제 분위기였다. 연변 시내가 폭죽 천지가 되어 하늘에서 불꽃이 반짝였다. 오래전부터 전해 내려오는 풍습으로, 폭죽을 터뜨림으로써 묵은 귀신이 쫓겨 나간다고 믿었다. 부를 과시하느라 하루 저녁 1만 위엔(한화 140만 원)어치를 터뜨리는 사람도 많다고 했다.

그러나 나는 밤새도록 폭죽 터뜨리는 소리에 놀라 한잠도 자지 못했다. 게다가 방이 연탄난방 시설이라 밤새 시커먼 연기와 폭죽으로 안개가 낀 것처럼 뿌옇고 공기가 나빠 숨쉬기조차 거북했다.

새벽이었다. 최림 원장의 차를 이용해 왕청 지역 재가환자를 위문 방문하기 위해 가는 길이었다. 날씨가 추워 빙판이었고 의란 마을을 지나 산등성이를 올라가는데 어느 여인이 조그만 보따리를 이고 새벽길을 걷고 있었다. 차를 옆에 세우고, 가는 길에 태워 주려고 하니 여인이 두려워하며 슬슬 피하면서 경계하는 눈치를 보였다. 그 모습이 이상해 차에서 내려 나는 한국에서 온 사람이라고 밝히고 걱정 말고 타라고 가는 곳까지 태워 주겠다고 했다. 그제야 여인은 주위를 살피더니 겨우 차에 올라 안심한 듯 이야기를 시작했다. 50대쯤으로 보이는 아주머니였다. 얼굴이 깡마르고 피곤해 보였으며 옷차림이 마치 거지와도 같았다.

아주머니는 3일 전에 북한 회령에서 탈출해 두레마을 김진홍 목사를 찾아가는 중이었다. 북한에 살면서 남편은 병들어 죽고 자녀들은 굶어 죽어 가정이 풍비박산나 죽기를 각오하고 친구들과 셋이 두만강을 건너오

다가 둘은 두만강에 빠져 죽고 혼자만 겨우 살아남은 것이었다. 낮에는 헛간에서 자고 밤에만 몰래 걸어서 두레마을로 가는 중이었다.

나는 두레마을을 가 본 적이 없지만, 지리를 잘 아는 최림 원장이 두레마을을 약 5킬로미터쯤 지나왔다고 했다. 우리는 왕청에서 일을 본 다음 저녁에 아주머니를 그곳까지 바래다주기로 했다. 아주머니는 고맙다며 주머니에서 빵 조각을 꺼내 우리에게 나눠 주었는데, 냄새가 너무 심했다. 안 되겠다 싶어 먹지 말라 하고 아침을 사 주었다.

그녀가 불쌍한 마음이 들어 도와주어야겠다는 생각이 들었다. 지금 상태로 거리에 나가면 금방이라도 북한에서 탈출한 사람임이 밝혀져 잡힐 것 같아 왕청 상점에 데려가 옷 한 벌을 사 입혔다. 찢어진 운동화도 벗어 던지게 하고 구두를 사 주었다. 완전히 변신을 시킨 것이다. 중국 돈 350원이 들었다. 그녀에게는 거금이었고 그녀 손에는 10원 한 장 없었다. 식당에 들어갔을 때 흙투성이가 된 머리도 감게 하고 갖고 다니던 스킨과 로션을 주어 얼굴에 바르게 했다. 그러자 전혀 딴 사람이 되었다. 인물도 좋은 편이었고, 고향을 물으니 경북 성주라 했다. 일본에서 북송되어 일본어를 매우 잘했다.

일정을 마치고 어두워지기를 기다려 두레마을로 향했다. 의란 입구에서 비포장도로를 12킬로미터쯤 달려 밤 9시가 되어서야 겨우 도착했다. 사무실로 찾아가 김진홍 목사님을 찾으니 한국에 갔다고 했다. 찾아온 이유를 이야기하는데 갑자기 사무장이 손을 입에 대고 말문을 막았다. 그리고는 구석진 곳으로 나를 안내하더니 그 여인이 어디 있느냐고 물었다. 차에 있다고 말하자 차에서 절대 내리면 안 된다고 하면서 당장 이곳을 빠져나가라고 했다. 중국 공안들이 탈북자를 잡기 위해 주위에 매복하고 있으니 들키지 않게 도망가라고 했다. 황급히 차에 올라 여인을 눕게 하고 서둘러 그곳을 빠져나왔다.

참으로 난감했다. 추운 겨울 날씨에 여인을 혼자 길거리에 내려놓을 수도 없고, 그렇다고 데려갈 수도 없었다. 의란까지 내려와 저녁식사를 하는 동안 고민에 빠졌다. 그때 식당 앞 저 멀리에 십자가가 보였다. 분명 교회였다. 식당 주인에게 물으니 의란교회라고 했다. 문득 머릿속에 스치는 생각이 있었다. 가방 안을 보니 늘 휴대하고 다니는 성경책이 들어 있었다. 그 성경책을 꺼내 여인에게 주면서 성경책을 들고 교회 안으로 들어가서 누가 묻거든 가정에 어려운 일이 있어 철야기도를 하러 왔다고 말하고 그곳에서 오늘 밤을 지내라고 했다. 그리고 내일 일은 내일 걱정하라며 타이른 뒤 교회 정문을 두드렸다. 그런데 문이 잠겨 있었다.

호주머니를 뒤져 130위엔을 여인의 손에 쥐어 주고 모든 것을 하나님께 맡기고 기도하라고 했다. 그리고 그녀를 안아 교회 담을 넘게 했다. 여인은 교회 안 어둠 속으로 점점 사라졌다. 성경책 뒤에다 휴대전화 번호를 적어 주었는데, 살았는지 북한으로 다시 끌려갔는지 알 수가 없다. 지금도 그 마을을 지날 때마다 그녀가 생각난다. 분명 하나님께서 인도해 주셨을 거라 확신한다.

며칠 뒤 백초구진이라는 마을에 재가환자가 있어 방문하던 길에 마을 앞에서 시장에 가는 두 여인을 만났다. 왕청 시장까지 바래다주면서 이야기하다가 백초구진 마을에 한센병 환자 한 가정이 움막에 살고 있는 것을 아느냐고 물었더니 안다고 했다. 그들은 너무 무섭고 병이 옮을까 봐 가까이 가지 않는다고 했다. 그들에게 교회에 다녀 본 일이 있느냐고 물으니 왕청교회에 다니며 집사 직분을 가졌다고 했다. 김춘복 집사로 55세쯤

되는 나이였는데, 주일마다 왕청교회에서 예배를 드린다고 했다.

최림 원장님 차로 시장을 보고 함께 마을로 가서 주희재라는 재가환자의 산골 외딴 움막을 찾아갔다. 의복과 생활 보조비를 건네고 내려오면서 김춘복 집사 집에 가 시간이 있으면 가끔 움막에 들러 한센 형제를 도와주라고 부탁했다. 믿는 자로서 그분에게 전도하고 관심을 가져 주면 다음에 와서 사례하겠다고 했다. 김 집사는 자주 찾아뵙고 도와주겠다고 약속했다. 그 뒤로 귀국하여 전화로 여러 번 확인해 보니 김 집사는 약속을 지켰다. 남들이 외면하고 꺼리는 일, 한센 형제를 돕는 일을 김 집사는 주님의 사랑으로 하고 있었다.

같은 해 5월 10일, 다시 중국을 방문했다. 함양 금호교회 민치완 장로, 고명석 장로, 하동 동산교회 이강필 장로님과 상애교회 최성은 전도사, 서울 김신옥 집사님과 동행했다. 선교 현지를 방문하고 백두산 천지를 관람했으며 백초구진 마을 움막에 사는 주희재 환자도 방문하기 위해 김춘복 집사에게 전화를 걸어 우리 일행의 점심식사를 준비해 달라고 부탁하고 먼저 집사님 집을 방문했다.

마당에는 20대 젊은 청년이 웃옷을 벗고 팬티만 입은 채 왔다갔다 소란을 피웠다. 어떤 상황인지 몰라 식사하면서 사연을 물었더니, 심장판막증으로 고통을 받고 있는 아들인데 수술하지 않으면 3개월 이상을 못 산다고 했다. 김춘복 집사는 심각하게 어려운 가정환경인데 그런 내색도 않고 우리 일행을 맞아 주었고 움막에 사는 한센 형제를 도와주었다.

평소 기도를 많이 하고 영안이 밝은 김신옥 집사님이 갑자기 머리가 아프다고 소리를 질러 산골 움막에 함께 가지 못했다. 재가환자를 만나고 집에 와 보니 김신옥 집사님이 나를 잡고는 저 청년 심장병 수술을 해 주라고 하나님께서 강력히 역사하신다며 수술비는 얼마가 되든 책임지겠으니 빨리 주선해 수술을 받게 하라는 것이었다.

그 가정에 기적이 일어난 것이다. 이튿날 나는 당장 연변 복지병원 정옥동 이사장을 찾아가 사연을 이야기하고 수술 날짜를 잡았다.

한국돈으로 천만 원이 드는 수술인데, 북경에서는 절반 가격인 500만 원이면 할 수 있었다. 연변 복지병원은 여수 애양원의 정옥동 이사장님이 세운 곳으로 중국에서 처음으로 심장병 수술로 성공해 매우 유명해졌다. 많은 조선족 동포들에게 큰 혜택을 주고 있다.

김춘복 집사님은 가정이 너무 어려워 아들에게 약도 제대로 사 주지 못하는 처지였다. 지금 살고 있는 집 열 채를 팔아도 수술비를 마련할 수 없어 아예 포기하고 죽기만을 기다리며 하나님께 기도만 했던 것이다. 김춘복 집사는 너무 감격한 나머지 계속해서 울먹였다.

하나님께서 그 집사님의 기도를 들어주신 것이다. 수술받은 아들은 하나님을 믿고 목회자가 되어 조선족 동포들을 구원하는 일을 하겠다고 했다. 정말로 김신옥 집사님은 수술비 전액을 송금하여 한 청년의 건강을 찾게 해 준 것이었다.

이러한 상황을 지켜보면서 하나님의 은혜를 새삼 실감했다. 김춘복 집사님은 외딴 움막에 사는 한센 형제를 도와주라고 몇 개월 전에 부탁한 말을 이행한 것이 아들의 생명을 구하는 일이 될 줄은, 하나님께서 이렇게 역사하시는 줄은 미처 몰랐을 것이다. 나는 움막에 사는 한센 형제 한 사람을 하나님께서 얼마나 사랑하시는지 다시 한 번 깨닫게 되었다.

일 년 뒤에 다시 집사님 집을 방문했더니 그 아들은 건강을 완전히 회복하여 사회생활을 하고 있었으며 교회에 열심히 다니면서 목회자의 꿈을 실현해 나가고 있었다.

중국 전역에는 300여 만 명의 한센병 환자가 있고 동남아 지역인 후진 국일수록 환자가 더 많다. 나는 평소 한센국제선교회를 통해 한센인을 위한 전문인 선교사를 10여 명 파송하여 그들에게 필요한 약을 주고 복음과 희망을 심어 주고 싶다고 기도한다. 남은 생 모두를 하나님께 받은 은혜를 갚는다는 마음으로 이 일을 계속하고 싶다.

한센 형제들은 생활 능력이 없기 때문에 대개 빈곤층이 많으며 경제적 도움이 필요하다. 사회적으로 소외되어 외롭고 자신감을 상실했으며 정신적으로도 황폐해 구원의 손길이 절실하다. 그들에게 복음을 전해 하나님을 알게 하고 존재의 가치를 심어 주는 일은 매우 중요하다. 하지만 그들을 선교하기 위해서는 먼저 그들의 삶을 지원하고 희망을 심어 주어야 한다.

공산국가에서는 도움을 주면서도 관계 당국의 눈치를 살펴야 하는 등 어려움이 많다. 그러나 누군가는 이러한 일을 해야만 한다. 이 일이 하나님께서 원하시는 일이라고 나는 믿는다. 물론 이 일을 하면서 낙심될 때가 많았고 전국 교회들이 관심을 가져 주지 않아 어려움이 많았다. 그래도 하나님께서는 필요할 때마다 귀한 분들을 보내 주셔서 지금까지 이어올 수 있었다.

중국 선교를 위해 기도하던 중에 우연히 대한성서공회에 근무하는 두 분의 장로님을 만나게 되었다. 성동교회 신성철 장로와 광복교회 이강준 장로다. 두 분 장로님은 중국 한센 형제 선교에 관심을 갖고 성서공회 일로 각 교회를 방문하면서 여러 목사님을 만나 중국의 한센 선교에 대해 홍보해 주셨다. 또 협력과 후원을 각 교회의 목사님께 이야기하여 많은 관심을 갖게 만들고 협력 선교사 후원도 연결시켜 주셨다. 이제까지는 정착촌 교회를 중심으로 후원을 받았으나, 장로님은 사회의 큰 교회들이 관심을 갖도록 연결시켜 줌으로써 큰 도움이 되고 있다. 이 또한 하나님께서 인도하여 주신 것이다.

더욱 감사한 것은 한센국제선교회를 위한 기도회가 발족되었는데, 해운대제일교회 이경희 집사님이 주선하여 매주 금요일 자택에서 기도회를 가졌다. 하나님께서 이 기도회를 통해 많은 역사를 이루게 하실 것을 확신한다.

가끔 시간이 있을 때마다 기도회에 참석하는데 기도회를 마치고 손수 준비한 점심식사 시간에 가족 같은 분위기에서 음식을 나누며 부족한 사람을 위해 기도해 주는 회원들의 모습이 내게는 천사처럼 보였다. 이들처럼 한센 형제들에게 관심을 갖고 사회에서 끌어안아 준다면 우리는 결코 외롭지 않을 것이며 이 세상은 진정 더불어 살아가는 사회가 될 것이다.

이 모든 일들이 하나님께서 진정 원하시는 일이라고 믿는다. 중국 조선족 한센 형제 선교와 동남아 한센 형제 선교는 이분들의 기도로 시작하여 많은 결실을 맺게 될 것이다.

선교지에서 만난 연변과기대 김진경 총장

나는 선교차 중국에 방문할 때마다 약속 장소로 자주 이용하는 다방이 있는데 연길시 서시장 근처에 있는 S다방이다. 3년 전의 일이다. 다방 주인과 이야기를 나누고 있는데, 그 주인은 내게 북한에서 탈출한 여인이 있다며 도움을 요청했다. 구석진 방으로 안내를 받아 가 보니 방 안에는 불안한 눈초리로 나를 바라보는 매우 깡마른 40대 여인이 있었다. 다방 주인은 내게 여인의 옷 한 벌 사 줄 것을 요청했다. 깨끗한 새 옷을 입히고 다방에서 종업원으로 일하게 하면서 중국어를 가르치고 앞으로 살 곳을 안내해 주기 위해서였다. 처음 보는 북한 여인에게 불쌍한 마음이 든 나는 몇 가지 도움을 주고 성경책도 한 권 주면서 시간 있으면 보라고 했다. 다방 주인은 조선족으로 50세 정도로 보였고 수년 전부터 수많은 북한 여인들을 숨겨 주고 연길에 정착하여 살 수 있도록 도와주는 귀한 일을 하고 있었다. 그 후에도 나는 중국에 갈 때마다 북한 탈출에 성공한 사람들을 자주 만날 수 있었고 그때마다 그들에게 도움을 주었다.

2005년 4월에 중국을 방문했을 때, 나는 큰 키에 깔끔하게 옷을 차려입은 80세의 노신사 한 분을 S다방에서 만나게 되었다. 그와 함께 차를 마시며 이야기하는 중에 그가 서울에서 연변에 온 지 꽤 되었고, 고 박정희 대통령 시절에 부산 정보부에서 근무했다는 사실을 다방 주인으로부터 들을 수 있었다. 그는 연변과기대의 김진경 총장이 자신의 친한 친구라고 말했고, 나는 그에게 총장님을 한 번 만날 수 있는지 물었다. 그동안 김진경 총장에 대해 신문과 방송을 통해 이미 들은 바 있었고, 그때마다 한 번 만나 뵙고 싶다고 생각하고 있었기 때문이다. 그런데 마침 김진경 총장이 그와 친구라 하니 매우 좋은 기회였다. 내 말을 들은 노신사는 즉석에서 전화를 걸어 김진경 총장과 점심 약속을 잡았다.

한국인이 경영하는 식당에서 처음 만난 김 총장은 어디서 많이 본 사람 같았고 건강하고 활기찬 모습이었다. 김 총장은 나의 선교사역 이야기를 듣고 깜짝 놀랐고 연변에도 한센병 환자가 있는 줄 몰랐다며 관심을 나타냈다.

김 총장과 이야기하면서 알게 된 더 놀라운 사실은 김 총장이 40년 전에 한국 부산 구포에서 밀알육아원을 운영했는데 그때 부산 경남 지역 정착촌 30여 곳에 한센 자녀들을 위해 육아원을 설립하고 이사장으로 있었다는 것이다. 그는 한센병 환자들에게 사랑과 관심이 많은 사람이었다. 또 그 당시 육아원에서 자란 아이 중의 하나가 40년이 지난 지금 한센국제선교회 후원회장이 된 전종규 장로님이라니 더욱 놀라운 일이었다. 나는 김 총장을 만날 수 있게 인도해 주신 하나님께 감사드렸다.

몇 개월이 지난 후 교회복음신문사 김성원 사장님과 의논해 김 총장을 부산에 초청하여 집회를 가졌는데 해운대매일순복음교회와 부산교회에서 김 총장의 설교로 많은 은혜를 받았다. 집회 시 부산 지역 대학교에 교환학생으로 온 연변과기대 학생 15명이 함께 찬양하는 모습은 매우 감동적이었다. 그중에는 중국인 학생도 있었다. 연변과기대는 천6백여 명의 학생이 있고 세계 각국에서 온 유능한 교수 150여 명이 있으며 중국에서도 이름이 나 있는 손꼽히는 대학으로 인정받고 있다. 연변과기대의 교수들은 선교적 사명을 갖고 학생을 가르친다. 2006년 9월 4일, 연변과기대의 2학기 입학식에 참석했을 때 김 총장은 '연변과기대를 성공적으로 세우고 평양과기대를 설립하고 있는데 이것은 2007년에 완공되며 공교롭게도 평양과기대가 세워지는 곳이 선교사의 순교지'라고 말했다. 나는 이 사실을 듣고 놀라지 않을 수 없었고, 하나님께서 김 총장을 세워 북방 선교에 앞장서게 하심에 감사드렸다. 이 일은 선교 역사에 큰 틀을 마련한 것이었다.

나는 중국에 머무를 때 종종 연변과기대 안에 마련된 교회에서 예배를 드렸는데 새로 꾸민 교회가 중국인들이 화장터로 사용하던 건물이라는 것에 놀랐다. 교회는 화장막을 개조하여 만들었으며, 500여 명을 수용할 수 있도록 매우 깨끗하게 되어 있었다. 연변과기대 학생들과 교수들이 예배드리는 모습은 너무나 은혜롭고 뜨거웠다.

아내가 대신 받은 선교사 파송패

2006년 6월 초에 선교 현지에서 교회복음신문사 사장으로부터 전화를 받았다. 6월 13일 부산 국제신문사 사옥 4층에서 교회복음신문사 창사 17주년 기념식을 가지고자 하며 이사장 취임식과 함께 선교사 파송패를 내게 전달하려고 하니 귀국해 달라는 내용이었다. 나는 이미 예정되어 있는 선교 일정이 있어 갈 수 없다는 의사를 전달했더니 그는 '사모님이라도 필히 참석해 달라'고 요청했다. 이 일로 나는 아내에게 여러 번 연락하였다. 그러나 아내는 참석하지 않으려고 했다. 직장생활 때문에 시간을 내기도 쉽지 않았거니와 더욱이 남편이 한센병 환자였다는 사실을 언론에 나타내기가 부담이 되었고 사회의 인식 부족으로 아이들 결혼 문제와 장래에 혹여나 걸림돌이 될까 봐 걱정이 되는 모양이었다. 아내의 마음을 잘 알고 있었기에 나는 모든 선택을 아내에게 맡기고 기도만 했다. 6월 13일 오후 7시는 공교롭게도 한국과 토고의 월드컵 축구 경기 시합이어서 행사장에 손님이 없으면 어쩌나 하는 걱정도 들었다.

행사를 치른 다음 날 신문사 직원이 동영상으로 메일을 보내왔는데 행사장 광경을 보고 무척 놀랐다. 부산 시내 교회 목회자와 관계기관 인사

300명을 초청하였다는데 행사 당일에 500여 명이나 참석하여 대 성황을 이루었다고 한다. 더욱이 감사한 것은 참석하지 않겠다던 아내가 예쁘게 옷을 입고 새로이 이사장에 취임한 박인근 이사장으로부터 선교사 파송패를 받는 모습이 보인 것이다. 사회를 맡은 목회자와 부산 시장이 박수를 치는 모습과 참석한 많은 목회자와 장로들의 모습도 동영상을 통해 볼 수 있었다. 선교지에 있던 나는 감사 기도를 드렸고 하나님께서 약한 자를 붙들어 역사하시는 순간을 느꼈다. 그날따라 아내의 모습이 더욱 고맙고 아름답게 보였다. 한센병 환자였다는 사실을 알고도 35년 전에 믿음으로 결혼하고, 50대 나이에도 선교사 뒷바라지를 위해 직장생활로 아침 일찍이 김해를 출퇴근하며 저녁 늦게 집에 와 살림을 꾸려 가는 아내를 볼 때마다 나는 늘 마음이 숙연해지곤 한다.

평신도 선교사라고 하여 교회마다 별 관심도 없고 인정해 주지 않았으나 공식적으로 신문사에서 선교사 파송패를 받게 된 후부터 교회들이 관심을 가져 주기 시작했다. 수영로교회에서도 중국 한센 형제들의 선교를 위해 매월 조금씩 후원하고 있다.

예수님께 감사드린 한 사람처럼

2006년 9월 11일 중국 현지에 있을 때 한국에서 일행 27명이 연길공항에 도착하여 마중을 나갔다. 일행은 한성장로연합회 임원들이고 함께 동행한 권사님도 9명이었다. 일행들은 나처럼 한센병에 걸려 수십 년 동안 투병생활을 하다가 하나님의 은혜로 깨끗함을 받은 사람들이었다. 전국에는 90여 개의 정착촌이 있고 그중 70여 곳에 교회가 세워졌다. 일행들은 모두 정착촌 내에 있는 교회에서 택함 받은 장로님, 권사님들이다. 정착촌 교회 장로 500여 명은 한성장로연합회를 만들고 세계선교를 위해 선교부를 세웠으며, 이때의 방문은 그 선교사역차 온 것이었다.

이전에 한성장로연합회는 푼푼히 모은 돈을 헌금하여 창립 40주년 기념행사로 화룡 동성 조선족 마을에 교회를 세웠다. 이 교회는 한성장로연합회가 다섯 번째로 세운 교회로서 조선족 장애우 석중학 목사님이 시무하고 있다. 또 문석민 장로님은 이 방문 전에 개인 후원금을 들여 도문에 경영교회를 단독으로 세우고 헌당하였다. 그는 헌당예배 때의 인사말에서 자신은 한센병에 걸려 하나님 은혜로 깨끗함을 받고 이곳에 왔으며 한센병 후유증으로 일그러진 손을 부끄러워하지 않고 내보이면서 복음에 빚을 갚는 심정이라고 말하여 많은 사람들의 박수를 받았다. 이곳 경영교회 앞에서는 두만강이 바로 보이고 북한이 눈앞에 있어 건너편에 북한 사람들이 다니는 모습이 보이기도 한다.

도움을 받은 조선족 교인이나 장학금을 받은 학생들은 우리 일행을 신기한 듯 쳐다보았고, 동석한 공산당 종교 담당 간부는 우리를 감격스러운 듯 바라보기까지 했다. 법으로 금지되어 있는 기도나 설교도 제재하는 사람이 없었다. 우리 일행은 하나님께서 철통같이 지켜 주셨기에 아무런 문제가 없었던 것이다. 정말 감사한 일이었다.

중국이 복음화되기 위해 우선 210만 조선족을 복음화시키고 조선족을 통해 13억 중국을 복음화시켜야 한다. 중국이 복음화되면 북한은 저절로 복음화된다. 이 놀라운 역사를 위해 한국의 한센인들이 나선 것이다. 한성장로연합회는 우선 20여 교회를 조선족 자치주 산하에 세우기로 하고 기도하고 있다. 나는 중국 한센인들을 복음화시키기 위하여 최선을 다할 것이다. 중국 선교의 시작은 가장 소외되고 그늘진 곳에서부터 시작해야 한다고 생각한다.

이번에 방문한 27명의 장로님, 권사님들은 분명 예수님께 한센병을 고침 받고 숨어 버린 아홉 사람이 아니다. 그들은 다시 돌아와 예수님께 감사를 표했던 한 사람이다. 주님께서는 누가복음 17장에서 그 한 사람에게 "일어나 가라 네 믿음이 너를 구원하였느니라"라고 말씀하셨다. 그 한 사람은 자신의 영혼까지 구원받은 것이다.

《소록도여, 안녕》을 마무리하면서 책이 출간되면 중국어로 번역해 중국 300여 만 명 한센 형제들에게 보급하기를 희망한다. 그리고 이 책을 통해 소외된 한센인들에게 희망을 주고 하나님의 섭리하심을 증거하고 싶다.

나는 2007년 1월 13일 인도 방갈로르에 간 적이 있다. 부산 용호제일교회의 이미 치유받은 한센인들이 후원하여 방갈로르 시내에 한센복지센타를 건립하고 개통식을 가졌는데, 주위에 사는 인도의 한센병 환자들이 450여 명이나 몰려왔다. 인도의 한센병 환자들의 실태는 중국보다 더 열악했고 비참한 상황이었다. 동남아 많은 국가에 다수의 한센병 환자들이 살고 있고 인도에도 2천만 명 이상이 있다고 한다. 나는 이들을 위해 기도하고 선교하는 것이 하나님의 뜻이라 생각하여, 이들을 위한 한센 전문인 선교사를 배출하고 그 선교사를 세계 곳곳에 보내기 위해 한센국제

선교회를 만들었다.

우리나라에는 한센인들이 모여 사는 88개의 정착촌이 있다. 정착촌에 모여 사는 사람들은 모두 병을 치유한 사람들이다. 이들은 다 나았지만 얼굴과 몸에 남은 흔적으로 인해 사회에 속하여 함께 살지 못하고 정착촌에 모여 살게 된 것이다. 수십 년 전 한국에 정착촌이 처음 들어설 때, 주변 마을에서는 심한 반발이 있었고 그 가운데 많은 사람들이 희생되기도 했다. 당시 정착촌에 관심을 갖고 있던 고 육영수 여사와 유준 박사는 전국을 순회하며 정착촌 건립에 힘을 실어 주어 주위의 반대를 잠재웠으며 이 두 분으로 인해 정착촌이 들어서게 된 곳도 매우 많다.

당시 이 땅에 온 선교사들은 길거리의 한센병 환자들을 정착촌에 모여 살게 하였고, 축사를 만들어 먹고살 수 있도록 경제적 지원도 해 주었다. 그들은 병원을 지어 한센병에 걸린 사람들에게 실질적인 도움을 주기도 하였다. 한센 형제들에게 복음을 심어 주어 현재 정착촌에 있는 사람들이 모두 그리스도인이 된 것도 선교사들의 업적이라고 볼 수 있다. 정착촌에는 천주교회도 30여 곳이 있는데 수녀님들의 헌신적인 도움이 매우 컸다. 그분들의 도움으로 많은 한센병 환자들이 건강을 회복하고 경제적 자립도 할 수 있었고, 사회에 복귀하여 사는 사람도 많이 생기게 된 것이다.

이제는 한센인들도 정착촌을 벗어나 사회 속에서 더불어 사는 시대가 와야 된다고 생각한다. 경남 밀양의 한 정착촌 교회는 직접 정착촌의 사회화를 위해 애쓰고 있다. 즉, 밀양 시내의 일반인들에게 열심히 복음을 전하고 있으며, 정착촌 교회에 등록해 출석하는 한센인들이 아닌 일반 사람들도 50여 명이나 된다. 그들은 모두 한 공동체로서 예배드리며 한센인들과 함께하고 있다. 새롬교회의 담임 목사도 정착촌이 이제 사회 속에 함께 살아야 된다며 홍보하고 있으며, 한센병이 무서운 병이 아니라는 것을 알려 큰 호응을 받고 있다. 이 모든 것이 정착촌의 사회화에 있어 성공한 사례다. 나는 모든 정착촌이 사회화되기를 바라며 이 책을 통해 많은 사람들이 조금이라도 한센병에 대한 이해가 넓어지기를 간절히 소망한다.

또 우리 한센인들을 부르는 말에도 변화가 생겼으면 한다. 굳이 이름을 붙인다면 '피부 장애우'라고 하면 좋겠다. 과거의 병으로 인해 이미 손상된 피부가 원상회복이 되지 않은 상태이기 때문이다. 그리고 수십 년 전에는 어쩔 수 없이 정착촌을 만들어 살았으나 이제는 정착촌을 하나씩 없애는 정책이 필요하다고 본다. 현재 한센인들 중에는 경제적 자립으로 인해 사회에 속해 살아가는 사람들이 많으며 정착촌에는 빈집이 늘어나고 있다. 전국의 정착촌 40퍼센트가 몇십 가구만 남아 있고 현재 정착촌에 사는 사람들도 사회에 나가 살고 싶으나 경제적 어려움으로 인해 실행하지 못하고 있다. 나는 그들이 사회에 뿌리내려 살도록 정책적으로 자금을 지원해 주고 사람답게 살 수 있게 해 주어야 된다고 생각한다. 수십 년 후에는 한국에 정착촌이 사라지고 그 마을을 지역에 환원해 함께 사는 사회가 되는 것을 희망해 본다.

마지막으로 일제시대에 소록도에 강제 수용되었던 이들, 인권유린을 넘어선 강제 노동이었던 오마도 간척공사로 인해 고통받은 이들, 전국 정착촌 주변 사람들과의 심한 싸움으로 배움의 기회와 치료 시기를 놓쳐 평생을 장애우로 사는 한센인들에게도 국회특별법이 제정되어 위로와 보상이 주어지길 바란다. 한센인들도 같은 민족이고 국민이다. 어쩌다 자신도 모르게 병이 든 것뿐인데 죄인처럼 아니 이방인처럼 평생을 산다는 것은 억울한 일이 아닌가.

우리나라가 선진국 대열에 섰다고 말하는 이들이 있다. 그러나 선진국으로 가는 길에 필히 짚고 넘어가야 될 것이 있다. 그것은 소외된 곳을 돌보는 것이다. 이 사명이야말로 하나님의 뜻이요, 섭리다.

전국에 있는 한센인들은 이제부터라도 자신감을 갖고 먼저 국가를 위해 기도하고 지금까지 우리들을 위해 헌신한 모든 분들과 우리로 말미암아 고통 받은 가족에게 늘 감사하자. 그리고 이제 예수님께 감사드린 한 사람처럼 빚을 갚는 심정으로 사는 것이 하나님의 뜻임을 마음속에 새기자.

소록도여, 안녕

지은이 이명남

2007. 9. 7. 초판 1쇄 인쇄
2007. 9.14. 초판 1쇄 발행

펴낸이 이재철
만든이 정애주
편집 이현주 한미영 한수경 김혜수 최강미 김기민 신지은
미술 권진숙 서재은 조은애 문정인
제작 홍순흥 윤태웅
미디어 백경호 한지환
영업 오민택 이재원 이진영
쿰회원관리 국효숙 김경아
관리 이남진 박승기 백창석 안기현
총무 정희자 김은오 마명진

펴낸곳 주식회사 홍성사
1977. 8. 1. 등록 / 제 1-499호
121-883 서울시 마포구 합정동 196-1
TEL. 333-5161 FAX. 333-5165
http://www.hsbooks.com
E-mail: hsbooks@hsbooks.com

ISBN 978-89-365-0250-8
값 9,000원 ※잘못된 책은 바꿔 드립니다.
Printed in Korea

홍성사. HONG SUNG SA, LTD.